# The Call of Cthulhu & The Colour Out of Space

## Der Ruf des Cthulhu & Die Farbe aus dem All

[Bilingual Edition]

English – German

by H. P. Lovecraft

Translated by Möwenstein

# Contents

# The Call of Cthulhu

Der Ruf des Cthulhu

# The CALL of CTHULHU

Der Ruf von CTHULHU

1.1 "Of such great powers or beings there may be conceivably a survival ...

"Von solchen großen Mächten oder Wesen gibt es möglicherweise ein Überleben ...

1.2 a survival of a hugely remote period when ...

ein Überleben einer sehr weit entfernten Periode, als ...

1.3 consciousness was manifested, perhaps, in shapes and forms long since withdrawn before the tide of advancing humanity ...

sich das Bewusstsein vielleicht in Formen und Gestalten manifestierte, die sich längst vor der Flut der fortschreitenden Menschheit zurückgezogen hatten ...

1.4 forms of which poetry and legend alone have caught a flying memory and called them gods, monsters, mythical beings of all sorts and kinds ..."

Formen, von denen allein die Poesie und die Legende eine fliegende Erinnerung eingefangen haben und sie Götter, Ungeheuer, mythische Wesen aller Art nannten und ..."

**– Algernon Blackwood.**

– Algernon Blackwood.

**"The ring of worshipers moved in endless bacchanale** 4.1
**between the ring of bodies and the ring of fire."**

"Der Ring der Anbeter bewegte sich in endlosem Bacchanal
zwischen dem Ring der Körper und dem Ring des Feuers."

---

**1. The Horror in Clay.** 6.1

1. Der Horror in Lehm.

**The most merciful thing in the world, I think, is** 7.1
**the inability of the human mind to correlate all its**
**contents.**

Das Barmherzigste auf der Welt ist, glaube ich, die
Unfähigkeit des menschlichen Geistes, alle seine Inhalte in
Beziehung zu setzen.

7.2 **We live on a placid island of ignorance in the midst of black seas of infinity, and it was not meant that we should voyage far.**

Wir leben auf einer ruhigen Insel der Unwissenheit inmitten der schwarzen Meere der Unendlichkeit, und es war nicht vorgesehen, dass wir weit reisen sollten.

7.3 **The sciences, each straining in its own direction, have hitherto harmed us little;**

Die Wissenschaften, von denen jede in ihre eigene Richtung strebt, haben uns bisher wenig geschadet;

7.4 **but some day the piecing together of dissociated knowledge will open up such terrifying vistas of reality, and of our frightful position therein, that we shall either go mad from the revelation or flee from the deadly light into the peace and safety of a new dark age.**

aber eines Tages wird das Zusammensetzen von getrenntem Wissen so erschreckende Aussichten auf die Wirklichkeit und unsere schreckliche Lage darin eröffnen, dass wir entweder vor der Offenbarung verrückt werden oder vor dem tödlichen Licht in den Frieden und die Sicherheit eines neuen dunklen Zeitalters fliehen werden.

8.1 **Theosophists have guessed at the awesome grandeur of the cosmic cycle wherein our world and human race form transient incidents.**

Theosophen haben die furchterregende Größe des kosmischen Zyklus erahnt, in dem unsere Welt und die menschliche Rasse vorübergehende Ereignisse bilden.

They have hinted at strange survivals in terms which would freeze the blood if not masked by a bland optimism.

8.2

Sie haben seltsame Überbleibsel in Begriffen angedeutet, die einem das Blut in den Adern gefrieren lassen würden, wenn sie nicht durch einen faden Optimismus überdeckt würden.

But it is not from them that there came the single glimpse of forbidden eons which chills me when I think of it and maddens me when I dream of it.

8.3

Aber nicht von ihnen stammt der einzige Blick auf verbotene Äonen, der mich erschaudern lässt, wenn ich daran denke, und der mich verrückt macht, wenn ich davon träume.

That glimpse, like all dread glimpses of truth, flashed out from an accidental piecing together of separated things -

8.4

Dieser Blick, wie alle schrecklichen Blicke auf die Wahrheit, blitzte aus einem zufälligen Zusammenfügen von getrennten Dingen auf -

in this case an old newspaper item and the notes of a dead professor.

8.5

in diesem Fall einem alten Zeitungsartikel und den Notizen eines toten Professors.

I hope that no one else will accomplish this piecing out;

8.6

Ich hoffe, dass niemand sonst dieses Zusammensetzen vollbringt;

certainly, if I live, I shall never knowingly supply a link in so hideous a chain.

8.7

sicherlich werde ich, wenn ich lebe, niemals wissentlich ein Glied in einer so abscheulichen Kette liefern.

8.8 I think that the professor, too, intended to keep silent regarding the part he knew, and that he would have destroyed his notes had not sudden death seized him.

Ich denke, dass auch der Professor die Absicht hatte, über den Teil, den er kannte, zu schweigen, und dass er seine Notizen vernichtet hätte, wenn ihn nicht der plötzliche Tod ereilt hätte.

9.1 My knowledge of the thing began in the winter of 1926-27 with the death of my grand-uncle, George Gammell Angell, Professor Emeritus of Semitic languages in Brown University, Providence, Rhode Island.

Mein Wissen über diese Sache begann im Winter 1926-27 mit dem Tod meines Großonkels George Gammell Angell, emeritierter Professor für semitische Sprachen an der Brown University in Providence, Rhode Island.

9.2 Professor Angell was widely known as an authority on ancient inscriptions,

Professor Angell war weithin als Autorität auf dem Gebiet der antiken Inschriften bekannt und wurde häufig von den Leitern prominenter Museen zu Rate gezogen,

9.3 and had frequently been resorted to by the heads of prominent museums; so that his passing at the age of ninety-two may be recalled by many.

so dass sein Tod im Alter von zweiundneunzig Jahren vielen in Erinnerung bleiben wird.

9.4 Locally, interest was intensified by the obscurity of the cause of death.

Vor Ort wurde das Interesse durch die Unklarheit über die Todesursache noch verstärkt.

The professor had been stricken whilst returning from the Newport boat; falling suddenly, as witnesses said, after having been jostled by a nautical-looking negro who had come from one of the queer dark courts on the precipitous hillside which formed a short cut from the waterfront to the deceased's home in Williams Street.

9.5

Der Professor war auf dem Rückweg vom Schiff in Newport plötzlich gestürzt, nachdem er, wie Zeugen berichteten, von einem seemännisch aussehenden Neger angerempelt worden war, der aus einem der seltsamen dunklen Höfe an dem steilen Hang kam, der eine Abkürzung vom Hafen zum Haus des Verstorbenen in der Williams Street bildete.

Physicians were unable to find any visible disorder, but concluded after perplexed debate that some obscure lesion of the heart, induced by the brisk ascent of so steep a hill by so elderly a man, was responsible for the end.

9.6

Die Ärzte waren nicht in der Lage, eine sichtbare Störung festzustellen, kamen aber nach einer verwirrten Debatte zu dem Schluss, dass eine obskure Verletzung des Herzens, ausgelöst durch den zügigen Aufstieg eines so steilen Hügels durch einen so alten Mann, für das Ende verantwortlich war.

At the time I saw no reason to dissent from this dictum, but latterly I am inclined to wonder -

9.7

Damals sah ich keinen Grund, von diesem Diktum abzuweichen, aber in letzter Zeit bin ich geneigt, mich zu wundern -

and more than wonder.

9.8

mehr als zu wundern.

**10.1** As my granduncle's heir and executor, for he died a childless widower, I was expected to go over his papers with some thoroughness; and for that purpose moved his entire set of files and boxes to my quarters in Boston.

Als Erbe und Testamentsvollstrecker meines Großonkels, der als kinderloser Witwer starb, wurde von mir erwartet, dass ich seine Papiere mit einer gewissen Gründlichkeit durchsehe, und zu diesem Zweck brachte ich seine gesamten Akten und Kisten in meine Unterkunft in Boston.

**10.2** Much of the material which I correlated will be later published by the American Archeological Society, but there was one box which I found exceedingly puzzling, and which I felt much averse from showing to other eyes.

Vieles von dem Material, das ich dabei entdeckte, wird später von der American Archeological Society veröffentlicht werden, aber es gab eine Kiste, die ich äußerst rätselhaft fand und die ich ungern anderen Menschen zeigte.

**10.3** It had been locked, and I did not find the key till it occurred to me to examine the personal ring which the professor carried always in his pocket.

Sie war verschlossen worden, und ich fand den Schlüssel erst, als ich den persönlichen Ring untersuchte, den der Professor immer in seiner Tasche trug.

**10.4** Then, indeed, I succeeded in opening it, but when I did so seemed only to be confronted by a greater and more closely locked barrier.

Dann gelang es mir tatsächlich, ihn zu öffnen, aber als ich das tat, schien ich nur auf eine noch größere und fester verschlossene Barriere zu stoßen.

For what could be the meaning of the queer clay bas-relief and the disjointed jottings, ramblings, and cuttings which I found?

Denn was könnten das seltsame Basrelief aus Ton und die unzusammenhängenden Notizen und Schnipsel, die ich fand, bedeuten?

10.5

Had my uncle, in his latter years, become credulous of the most superficial impostures?

Hatte mein Onkel in seinen letzten Jahren den oberflächlichsten Betrügereien Glauben geschenkt?

10.6

I resolved to search out the eccentric sculptor responsible for this apparent disturbance of an old man's peace of mind.

Ich beschloss, den exzentrischen Bildhauer ausfindig zu machen, der für diese offensichtliche Störung des Seelenfriedens eines alten Mannes verantwortlich war.

10.7

The bas-relief was a rough rectangle less than an inch thick and about five by six inches in area;

Das Flachrelief war ein grobes Rechteck von weniger als einem Zoll Dicke und einer Fläche von etwa fünf mal sechs Zoll;

11.1

obviously of modern origin.

es war offensichtlich modernen Ursprungs.

11.2

Its designs, however, were far from modern in atmosphere and suggestion;

Seine Motive waren jedoch in ihrer Atmosphäre und Anmutung alles andere als modern;

11.3

11.4 for, although the vagaries of cubism and futurism are many and wild, they do not often reproduce that cryptic regularity which lurks in prehistoric writing.

denn obwohl die Launen des Kubismus und Futurismus zahlreich und wild sind, reproduzieren sie nicht oft jene kryptische Regelmäßigkeit, die in prähistorischen Schriften lauert.

11.5 And writing of some kind the bulk of these designs seemed certainly to be;

Und irgendeine Art von Schrift schien der Großteil dieser Entwürfe zweifellos zu sein;

11.6 though my memory, despite much familiarity with the papers and collections of my uncle, failed in any way to identify this particular species, or even hint at its remotest affiliations.

obwohl mein Gedächtnis trotz großer Vertrautheit mit den Papieren und Sammlungen meines Onkels in keiner Weise in der Lage war, diese besondere Art zu identifizieren oder auch nur ihre entfernteste Zugehörigkeit anzudeuten.

12.1 Above these apparent hieroglyphics was a figure of evidently pictorial intent,

Über diesen offensichtlichen Hieroglyphen befand sich eine Figur mit offensichtlich malerischer Absicht,

12.2 though its impressionistic execution forbade a very clear idea of its nature.

obwohl ihre impressionistische Ausführung eine sehr klare Vorstellung von ihrer Natur verbot.

It seemed to be a sort of monster, or symbol representing a monster, of a form which only a diseased fancy could conceive.

12.3

Es schien eine Art Ungeheuer zu sein, oder ein Symbol, das ein Ungeheuer darstellt, in einer Form, die sich nur eine kranke Phantasie vorstellen konnte.

If I say that my somewhat extravagant imagination yielded simultaneous pictures of an octopus, a dragon, and a human caricature, I shall not be unfaithful to the spirit of the thing.

12.4

Wenn ich sage, dass meine etwas extravagante Vorstellungskraft gleichzeitig Bilder eines Kraken, eines Drachens und einer menschlichen Karikatur hervorbrachte, werde ich dem Geist der Sache nicht untreu.

A pulpy, tentacled head surmounted a grotesque and scaly body with rudimentary wings;

12.5

Ein breiiger, tentakelartiger Kopf überragte einen grotesken, schuppigen Körper mit rudimentären Flügeln;

but it was the general outline of the whole which made it most shockingly frightful.

12.6

aber es waren die allgemeinen Umrisse des Ganzen, die es am schockierendsten erschreckend machten.

Behind the figure was a vague suggestion of a Cyclopean architectural background.

12.7

Hinter der Figur war eine vage Andeutung eines zyklopischen architektonischen Hintergrunds zu erkennen.

13.1 The writing accompanying this oddity was, aside from a stack of press cuttings, in Professor Angell's most recent hand; and made no pretense to literary style.

Die Schrift, die diese Merkwürdigkeit begleitete, war, abgesehen von einem Stapel von Zeitungsausschnitten, in Professor Angells jüngster Handschrift verfasst und machte keine Anstalten, literarischen Stil zu pflegen.

13.2 What seemed to be the main document was headed

Das scheinbar wichtigste Dokument trug die Überschrift

13.3 "CTHULHU CULT"

"CTHULHU CULT"

13.4 in characters painstakingly printed to avoid the erroneous reading of a word so unheard-of.

in Buchstaben, die sorgfältig gedruckt waren, um die falsche Lesart eines so unbekannten Wortes zu vermeiden.

13.5 This manuscript was divided into two sections,

Dieses Manuskript war in zwei Abschnitte unterteilt,

13.6 the first of which was headed

von denen der erste mit

13.7 "1925 — Dream and Dream Work of H. A. Wilcox, 7 Thomas St., Providence, R. I.,"

"1925 — Dream and Dream Work of H. A. Wilcox, 7 Thomas St., Providence, R. I.,"

13.8 and the second,

und der zweite mit

13.9 "Narrative of Inspector John R. Legrasse, 121 Bienville St., New Orleans, La.,

"Narrative of Inspector John R. Legrasse, 121 Bienville St., New Orleans, La.,

at 1908 A. A. S. Mtg — Notes on Same, & Prof.     13.10
at 1908 A. A. S. Mtg — Notes on Same, & Prof.

Webb's Acct."     13.11
Webb's Acct."

The other manuscript papers were all brief notes,     13.12
Die anderen Manuskripte waren allesamt kurze Notizen,

some of them accounts of the queer dreams of different persons,     13.13
einige davon Berichte über die seltsamen Träume verschiedener Personen,

some of them citations from theosophical books and magazines (notably W. Scott-Eliott's Atlantis and the Lost Lemuria),     13.14
einige davon Zitate aus theosophischen Büchern und Zeitschriften (insbesondere W. Scott-Eliotts Atlantis and the Lost Lemuria),

and the rest comments on long-surviving secret societies and hidden cults,     13.15
und der Rest Kommentare über seit langem überlebende Geheimgesellschaften und verborgene Kulte,

with references to passages in such mythological and anthropological source-books as Frazer's Golden Bough and Miss Murray's Witch-Cult in Western Europe.     13.16
mit Verweisen auf Passagen in solchen mythologischen und anthropologischen Quellenbüchern wie Frazers Golden Bough und Miss Murrays Witch-Cult in Western Europe.

13.17 The cuttings largely alluded to outré mental illnesses and outbreaks of group folly or mania in the spring of 1925.

Die Zeitungsausschnitte spielen vor allem auf ausgefallene Geisteskrankheiten und Ausbrüche von Gruppenwahn oder Manie im Frühjahr 1925 an.

---

15.1 The first half of the principal manuscript told a very peculiar tale.

Die erste Hälfte des Hauptmanuskripts erzählt eine sehr merkwürdige Geschichte.

15.2 It appears that on March 1st, 1925, a thin, dark young man of neurotic and excited aspect had called upon Professor Angell bearing the singular clay bas-relief, which was then exceedingly damp and fresh.

Es scheint, dass am 1. März 1925 ein dünner, dunkler junger Mann mit neurotischem und aufgeregtem Aussehen Professor Angell aufgesucht hatte, der das einzigartige Basrelief aus Ton bei sich trug, das damals noch sehr feucht und frisch war.

15.3 His card bore the name of Henry Anthony Wilcox, and my uncle had recognized him as the youngest son of an excellent family slightly known to him, who had latterly been studying sculpture at the Rhode Island School of Design and living alone at the Fleur-de-Lys Building near that institution.

Seine Visitenkarte trug den Namen Henry Anthony Wilcox, und mein Onkel hatte ihn als den jüngsten Sohn einer ausgezeichneten, ihm wenig bekannten Familie erkannt, der in letzter Zeit an der Rhode Island School of Design Bildhauerei studierte und allein im Fleur-de-Lys-Gebäude in der Nähe dieser Einrichtung wohnte.

Wilcox was a precocious youth of known genius but great eccentricity, and had from childhood excited attention through the strange stories and odd dreams he was in the habit of relating.    15.4

Wilcox war ein frühreifer Jugendlicher von bekanntem Genie, aber großer Exzentrik, und erregte von Kindheit an Aufmerksamkeit durch die seltsamen Geschichten und merkwürdigen Träume, die er zu erzählen pflegte.

He called himself "psychically hypersensitive",    15.5

Er bezeichnete sich selbst als "psychisch überempfindlich",

but the staid folk of the ancient commercial city dismissed him as merely "queer".    15.6

aber die behäbigen Leute der alten Handelsstadt taten ihn lediglich als "seltsam" ab.

Never mingling much with his kind, he had dropped gradually from social visibility, and was now known only to a small group of esthetes from other towns.    15.7

Da er nie viel mit seinesgleichen zu tun hatte, fiel er allmählich aus dem gesellschaftlichen Blickfeld und war nur noch einer kleinen Gruppe von Ästheten aus anderen Städten bekannt.

Even the Providence Art Club, anxious to preserve its conservatism, had found him quite hopeless.    15.8

Selbst der Providence Art Club, der seinen Konservatismus bewahren wollte, hatte ihn für ziemlich hoffnungslos gehalten.

16.1 On the occasion of the visit, ran the professor's manuscript, the sculptor abruptly asked for the benefit of his host's archeological knowledge in identifying the hieroglyphics on the bas-relief.

Anlässlich des Besuchs, bei dem er das Manuskript des Professors las, bat der Bildhauer seinen Gastgeber unvermittelt um die Hilfe seiner archäologischen Kenntnisse bei der Identifizierung der Hieroglyphen auf dem Flachrelief.

16.2 He spoke in a dreamy, stilted manner which suggested pose and alienated sympathy;

Er sprach in einer verträumten, gestelzten Art, die Pose und befremdliche Sympathie suggerierte;

16.3 and my uncle showed some sharpness in replying,

und mein Onkel zeigte eine gewisse Schärfe in seiner Antwort,

16.4 for the conspicuous freshness of the tablet implied kinship with anything but archeology.

denn die auffällige Frische der Tafel deutete auf eine Verwandtschaft mit etwas anderem als Archäologie hin.

16.5 Young Wilcox's rejoinder, which impressed my uncle enough to make him recall and record it verbatim, was of a fantastically poetic cast which must have typified his whole conversation, and which I have since found highly characteristic of him.

Die Erwiderung des jungen Wilcox, die meinen Onkel so beeindruckte, dass er sie wortwörtlich aufschrieb, war von einer phantastisch-poetischen Art, die für sein ganzes Gespräch typisch gewesen sein muss und die ich seither als sehr charakteristisch für ihn empfinde.

16.6 He said,

Er sagte:

"It is new, indeed, for I made it last night in a dream of strange cities; 16.7

"Es ist in der Tat neu, denn ich habe es letzte Nacht in einem Traum von fremden Städten gemacht;

and dreams are older than brooding Tyre, or the contemplative Sphinx, or garden-girdled Babylon." 16.8

und Träume sind älter als das grübelnde Tyrus oder die nachdenkliche Sphinx oder das gartenbewachsene Babylon."

It was then that he began that rambling tale which suddenly played upon a sleeping memory and won the fevered interest of my uncle. 17.1

In diesem Moment begann er mit jener abschweifenden Geschichte, die plötzlich auf eine schlafende Erinnerung anspielte und das fieberhafte Interesse meines Onkels weckte.

There had been a slight earthquake tremor the night before, the most considerable felt in New England for some years; and Wilcox's imagination had been keenly affected. 17.2

In der Nacht zuvor hatte es ein leichtes Erdbeben gegeben, das stärkste, das in Neuengland seit einigen Jahren zu spüren war, und Wilcox' Vorstellungskraft war davon stark beeinflusst worden.

Upon retiring, he had had an unprecedented dream of great Cyclopean cities of Titan blocks and sky-flung monoliths, all dripping with green ooze and sinister with latent horror. 17.3

Als er sich zur Ruhe setzte, hatte er einen noch nie dagewesenen Traum von großen zyklopischen Städten aus Titanblöcken und himmelhohen Monolithen, die alle vor grünem Schlamm trieften und von latentem Grauen erfüllt waren.

17.4 Hieroglyphics had covered the walls and pillars, and from some undetermined point below had come a voice that was not a voice;

Hieroglyphen bedeckten die Wände und Säulen, und von einem unbestimmten Punkt darunter kam eine Stimme, die keine Stimme war;

17.5 a chaotic sensation which only fancy could transmute into sound, but which he attempted to render by the almost unpronounceable jumble of letters, "Cthulhu fhtagn".

eine chaotische Empfindung, die nur die Phantasie in einen Ton umwandeln konnte, die er aber mit dem fast unaussprechlichen Buchstabenwirrwarr "Cthulhu fhtagn" wiederzugeben versuchte.

18.1 This verbal jumble was the key to the recollection which excited and disturbed Professor Angell.

Dieses sprachliche Durcheinander war der Schlüssel zu der Erinnerung, die Professor Angell erregte und beunruhigte.

18.2 He questioned the sculptor with scientific minuteness; and studied with almost frantic intensity the bas-relief on which the youth had found himself working, chilled and clad only in his nightclothes, when waking had stolen bewilderingly over him.

Er befragte den Bildhauer mit wissenschaftlicher Akribie und studierte mit geradezu verzweifelter Intensität das Flachrelief, an dem der Jüngling, unterkühlt und nur mit seinem Nachthemd bekleidet, gearbeitet hatte, als ihn das Erwachen verwirrend übermannte.

My uncle blamed his old age, Wilcox afterward said, for his slowness in recognizing both hieroglyphics and pictorial design.   18.3

Mein Onkel machte sein hohes Alter dafür verantwortlich, sagte Wilcox später, dass er sowohl Hieroglyphen als auch bildliche Darstellungen nur langsam erkannte.

Many of his questions seemed highly out of place to his visitor, especially those which tried to connect the latter with strange cults or societies;   18.4

Viele seiner Fragen schienen seinem Besucher höchst unangebracht, besonders jene, die versuchten, ihn mit seltsamen Kulten oder Gesellschaften in Verbindung zu bringen;

and Wilcox could not understand the repeated promises of silence which he was offered in exchange for an admission of membership in some widespread mystical or paganly religious body.   18.5

und Wilcox konnte die wiederholten Schweigeversprechen nicht verstehen, die ihm im Austausch für das Eingeständnis einer Mitgliedschaft in irgendeiner weit verbreiteten mystischen oder heidnisch religiösen Körperschaft angeboten wurden.

When Professor Angell became convinced that the sculptor was indeed ignorant of any cult or system of cryptic lore, he besieged his visitor with demands for future reports of dreams.   18.6

Als Professor Angell zu der Überzeugung gelangte, dass der Bildhauer tatsächlich nichts von einem Kult oder einem System kryptischer Überlieferungen wusste, belagerte er seinen Besucher mit Forderungen nach künftigen Traumberichten.

18.7 This bore regular fruit, for after the first interview the manuscript records daily calls of the young man, during which he related startling fragments of nocturnal imagery whose burden was always some terrible Cyclopean vista of dark and dripping stone, with a subterrene voice or intelligence shouting monotonously in enigmatical sense-impacts uninscribable save as gibberish.

Dies trug regelmäßig Früchte, denn nach dem ersten Gespräch zeichnet das Manuskript tägliche Anrufe des jungen Mannes auf, bei denen er verblüffende Fragmente nächtlicher Bilder erzählte, deren Last immer ein schrecklicher zyklopischer Anblick aus dunklem und tropfendem Stein war, mit einer unterschwelligen Stimme oder Intelligenz, die monoton in rätselhaften, nur als Kauderwelsch beschreibbaren Sinneseindrücken rief.

18.8 The two sounds most frequently repeated are those rendered by the letters "Cthulhu" and "R'lyeh".

Die beiden am häufigsten wiederholten Laute sind die, die durch die Buchstaben "Cthulhu" und "R'lyeh" wiedergegeben werden.

19.1 On March 23rd, the manuscript continued, Wilcox failed to appear; and inquiries at his quarters revealed that he had been stricken with an obscure sort of fever and taken to the home of his family in Waterman Street.

Am 23. März, so das Manuskript weiter, erschien Wilcox nicht, und Nachforschungen in seinem Quartier ergaben, dass er an einer obskuren Art von Fieber erkrankt und zu seiner Familie in der Waterman Street gebracht worden war.

He had cried out in the night, arousing several other artists in the building, and had manifested since then only alternations of unconsciousness and delirium. 19.2

Er hatte in der Nacht geschrien und damit mehrere andere Künstler im Haus geweckt und war seitdem nur noch abwechselnd in Bewusstlosigkeit und Delirium gewesen.

My uncle at once telephoned the family, and from that time forward kept close watch of the case; 19.3

Mein Onkel rief sofort die Familie an und behielt den Fall von da an genau im Auge;

calling often at the Thayer Street office of Dr. Tobey, whom he learned to be in charge. 19.4

er suchte häufig die Praxis von Dr. Tobey in der Thayer Street auf, von dem er erfuhr, dass er dort behandelt wurde.

The youth's febrile mind, apparently, was dwelling on strange things; and the doctor shuddered now and then as he spoke of them. 19.5

Das fiebrige Gemüt des jungen Mannes beschäftigte sich offenbar mit seltsamen Dingen, und der Arzt erschauderte hin und wieder, wenn er von ihnen sprach.

They included not only a repetition of what he had formerly dreamed, but touched wildly on a gigantic thing 19.6

Sie beinhalteten nicht nur eine Wiederholung dessen, was er früher geträumt hatte, sondern berührten wild ein gigantisches Ding, das

"miles high" which walked or lumbered about. 19.7

"meilenhoch" war und umherlief oder rumpelte.

19.8    He at no time fully described this object, but
        occasional frantic words, as repeated by Dr. Tobey,
        convinced the professor that it must be identical with
        the nameless monstrosity he had sought to depict in
        his dream-sculpture.
        Er beschrieb dieses Objekt zu keinem Zeitpunkt
        vollständig, aber gelegentliche verzweifelte Worte, die Dr.
        Tobey wiederholte, überzeugten den Professor davon, dass
        es mit dem namenlosen Monstrum identisch sein musste,
        das er in seiner Traumskulptur darzustellen versucht
        hatte.

19.9    Reference to this object, the doctor added, was
        invariably a prelude to the young man's subsidence
        into lethargy.
        Die Erwähnung dieses Objekts, so fügte der Arzt hinzu, war
        immer das Vorspiel für das Versinken des jungen Mannes in
        Lethargie.

19.10   His temperature, oddly enough, was not greatly
        above normal; but the whole condition was
        otherwise such as to suggest true fever rather than
        mental disorder.
        Seine Temperatur lag merkwürdigerweise nicht weit über
        dem Normalwert, aber der Gesamtzustand ließ eher auf
        echtes Fieber als auf eine Geistesstörung schließen.

20.1    On April 2nd at about 3 p. m. every trace of Wilcox's
        malady suddenly ceased.
        Am 2. April gegen 15 Uhr verschwand plötzlich jede Spur
        von Wilcox' Unwohlsein.

He sat upright in bed, astonished to find himself at home and completely ignorant of what had happened in dream or reality since the night of March 22nd. 20.2
Er saß aufrecht im Bett und stellte erstaunt fest, dass er zu Hause war, ohne zu wissen, was seit der Nacht des 22. März im Traum oder in Wirklichkeit geschehen war.

Pronounced well by his physician, 20.3
Von seinem Arzt für gesund erklärt,

he returned to his quarters in three days; 20.4
kehrte er nach drei Tagen in sein Quartier zurück;

but to Professor Angell he was of no further assistance. 20.5
doch für Professor Angell war er keine weitere Hilfe.

All traces of strange dreaming had vanished with his recovery, 20.6
Alle Spuren der seltsamen Träume waren mit seiner Genesung verschwunden,

and my uncle kept no record of his night-thoughts after a week of pointless and irrelevant accounts of thoroughly usual visions. 20.7
und mein Onkel führte nach einer Woche sinnloser und irrelevanter Berichte über durchaus übliche Visionen keine Aufzeichnungen mehr über seine nächtlichen Gedanken.

Here the first part of the manuscript ended, 22.1
Hier endete der erste Teil des Manuskripts,

22.2　but references to certain of the scattered notes gave me much material for thought -

aber Verweise auf einige der verstreuten Notizen gaben mir viel Stoff zum Nachdenken -

22.3　so much, in fact, that only the ingrained skepticism then forming my philosophy can account for my continued distrust of the artist.

so viel, dass nur der tief verwurzelte Skeptizismus, der damals meine Philosophie prägte, mein anhaltendes Misstrauen gegenüber dem Künstler erklären kann.

22.4　The notes in question were those descriptive of the dreams of various persons covering the same period as that in which young Wilcox had had his strange visitations.

Bei den fraglichen Notizen handelte es sich um die Beschreibung der Träume verschiedener Personen aus demselben Zeitraum, in dem der junge Wilcox seine seltsamen Heimsuchungen hatte.

22.5　My uncle, it seems, had quickly instituted a prodigiously far-flung body of inquiries amongst nearly all the friends whom he could question without impertinence, asking for nightly reports of their dreams, and the dates of any notable visions for some time past.

Mein Onkel hatte, wie es scheint, schnell eine ungeheuer weitreichende Reihe von Nachforschungen bei fast allen Freunden angestellt, die er ohne Unverschämtheit befragen konnte, und sie um nächtliche Berichte über ihre Träume und die Daten aller bemerkenswerten Visionen in der Vergangenheit gebeten.

The reception of his request seems to have been varied; but he must, at the very least, have received more responses than any ordinary man could have handled without a secretary.

22.6

Seine Anfragen scheinen unterschiedlich aufgenommen worden zu sein, aber er muss zumindest mehr Antworten erhalten haben, als ein normaler Mensch ohne Sekretär hätte bearbeiten können.

This original correspondence was not preserved,

22.7

Die ursprüngliche Korrespondenz ist nicht erhalten geblieben,

but his notes formed a thorough and really significant digest.

22.8

aber seine Notizen bilden eine gründliche und wirklich aussagekräftige Zusammenfassung.

Average people in society and business -

22.9

Durchschnittsmenschen aus Gesellschaft und Wirtschaft -

New England's traditional "salt of the earth" -

22.10

Neuenglands traditionelles "Salz der Erde" -

gave an almost completely negative result, though scattered cases of uneasy but formless nocturnal impressions appear here and there, always between March 23rd and April 2nd -

22.11

gaben ein fast durchweg negatives Ergebnis, obwohl hier und da vereinzelte Fälle von unruhigen, aber formlosen nächtlichen Eindrücken auftauchen, immer zwischen dem 23. März und dem 2. April -

the period of young Wilcox's delirium.

22.12

der Zeit des Deliriums des jungen Wilcox.

**22.13** Scientific men were little more affected, though four cases of vague description suggest fugitive glimpses of strange landscapes, and in one case there is mentioned a dread of something abnormal.

Wissenschaftliche Männer waren kaum mehr betroffen, obwohl vier Fälle mit vager Beschreibung flüchtige Blicke auf seltsame Landschaften nahelegen, und in einem Fall wird eine Furcht vor etwas Abnormalem erwähnt.

**23.1** It was from the artists and poets that the pertinent answers came, and I know that panic would have broken loose had they been able to compare notes.

Die einschlägigen Antworten kamen von den Künstlern und Dichtern, und ich weiß, dass Panik ausgebrochen wäre, wenn sie ihre Notizen hätten vergleichen können.

**23.2** As it was, lacking their original letters, I half suspected the compiler of having asked leading questions, or of having edited the correspondence in corroboration of what he had latently resolved to see.

In Ermangelung der Originalbriefe hatte ich halb den Verdacht, dass der Verfasser Suggestivfragen gestellt oder die Korrespondenz so bearbeitet hatte, dass sie das bestätigte, was er latent zu sehen entschlossen war.

**23.3** That is why I continued to feel that Wilcox, somehow cognizant of the old data which my uncle had possessed, had been imposing on the veteran scientist.

Deshalb hatte ich weiterhin das Gefühl, dass Wilcox, der die alten Daten, die mein Onkel besaß, irgendwie kannte, sich dem erfahrenen Wissenschaftler aufgedrängt hatte.

**23.4** These responses from esthetes told a disturbing tale.

Diese Antworten der Ästheten waren beunruhigend.

From February 28th to April 2nd a large proportion of them had dreamed very bizarre things,

23.5

Vom 28. Februar bis zum 2. April hatte ein großer Teil von ihnen sehr bizarre Dinge geträumt,

the intensity of the dreams being immeasurably the stronger during the period of the sculptor's delirium.

23.6

wobei die Intensität der Träume während der Zeit des Deliriums des Bildhauers unermesslich stärker war.

Over a fourth of those who reported anything, reported scenes and half-sounds not unlike those which Wilcox had described;

23.7

Mehr als ein Viertel derjenigen, die irgendetwas berichteten, berichteten von Szenen und Halbgeräuschen, die denen, die Wilcox beschrieben hatte, nicht unähnlich waren;

and some of the dreamers confessed acute fear of the gigantic nameless thing visible toward the last.

23.8

und einige der Träumenden gestanden akute Angst vor dem gigantischen namenlosen Ding, das gegen Ende zu sehen war.

One case, which the note describes with emphasis, was very sad.

23.9

Ein Fall, der in der Notiz mit Nachdruck beschrieben wird, war sehr traurig.

23.10 The subject, a widely known architect with leanings toward theosophy and occultism, went violently insane on the date of young Wilcox's seizure, and expired several months later after incessant screamings to be saved from some escaped denizen of hell.

Der Betroffene, ein weithin bekannter Architekt mit Neigungen zur Theosophie und zum Okkultismus, wurde zum Zeitpunkt des Anfalls des jungen Wilcox heftig wahnsinnig und verstarb einige Monate später nach unaufhörlichen Schreien, um von einem entkommenen Höllenbewohner gerettet zu werden.

23.11 Had my uncle referred to these cases by name instead of merely by number, I should have attempted some corroboration and personal investigation;

Hätte mein Onkel diese Fälle namentlich und nicht nur zahlenmäßig erwähnt, hätte ich versucht, sie zu bestätigen und persönlich nachzuforschen;

23.12 but as it was, I succeeded in tracing down only a few.

aber so gelang es mir nur, einige wenige aufzuspüren.

23.13 All of these, however, bore out the notes in full.

Alle diese Fälle bestätigten jedoch die Aufzeichnungen vollständig.

23.14 I have often wondered if all the objects of the professor's questioning felt as puzzled as did this fraction.

Ich habe mich oft gefragt, ob alle Objekte, die der Professor befragte, sich so verwirrt fühlten wie diese Fraktion.

23.15 It is well that no explanation shall ever reach them.

Es ist gut, dass sie niemals eine Erklärung erhalten werden.

The press cuttings, as I have intimated, touched on cases of panic, mania, and eccentricity during the given period. 24.1
Die Zeitungsausschnitte berührten, wie ich bereits angedeutet habe, Fälle von Panik, Manie und Exzentrik während des betreffenden Zeitraums.

Professor Angell must have employed a cutting bureau, for the number of extracts was tremendous, and the sources scattered throughout the globe. 24.2
Professor Angell muss ein Schneidebüro beschäftigt haben, denn die Anzahl der Auszüge war enorm und die Quellen über den ganzen Globus verstreut.

Here was a nocturnal suicide in London, 24.3
Hier ein nächtlicher Selbstmord in London,

where a lone sleeper had leaped from a window after a shocking cry. 24.4
wo ein einsamer Schläfer nach einem schockierenden Schrei aus dem Fenster gesprungen war.

Here likewise a rambling letter to the editor of a paper in South America, where a fanatic deduces a dire future from visions he has seen. 24.5
Hier ebenfalls ein weitschweifiger Leserbrief an eine Zeitung in Südamerika, wo ein Fanatiker aus Visionen, die er gesehen hat, eine düstere Zukunft ableitet.

A dispatch from California describes a theosophist colony as donning white robes en masse for some 24.6
In einer Depesche aus Kalifornien wird beschrieben, wie eine theosophische Kolonie massenhaft weiße Gewänder für eine

"glorious fulfilment" 24.7
"glorreiche Erfüllung"

24.8 which never arrives, whilst items from India speak guardedly of serious native unrest toward the end of March.

anzieht, die nie eintrifft, während in Artikeln aus Indien vorsichtig von ernsthaften Unruhen der Eingeborenen gegen Ende März die Rede ist.

24.9 Voodoo orgies multiply in Haiti,

In Haiti häufen sich die Voodoo-Orgien,

24.10 and African outposts report ominous mutterings.

und afrikanische Außenposten berichten von ominösem Gemurmel.

24.11 American officers in the Philippines find certain tribes bothersome about this time, and New York policemen are mobbed by hysterical Levantines on the night of March 22-23. The west of Ireland, too, is full of wild rumor and legendry, and a fantastic painter named Ardois-Bonnot hangs a blasphemous Dream Landscape in the Paris spring salon of 1926.

Amerikanische Offiziere auf den Philippinen empfinden bestimmte Stämme um diese Zeit als lästig, und New Yorker Polizisten werden in der Nacht vom 22 zum 23. März von hysterischen Levantinern belästigt Auch der Westen Irlands ist voller wilder Gerüchte und Legenden, und ein fantastischer Maler namens Ardois-Bonnot hängt im Pariser Frühlingssalon 1926 eine blasphemische Traumlandschaft auf.

24.12 And so numerous are the recorded troubles in insane asylums that only a miracle can have stopped the medical fraternity from noting strange parallelisms and drawing mystified conclusions.

Und die aufgezeichneten Probleme in den Irrenanstalten sind so zahlreich, dass nur ein Wunder die Ärzteschaft davon abhalten konnte, seltsame Parallelen festzustellen und rätselhafte Schlussfolgerungen zu ziehen.

A weird bunch of cuttings, all told; and I can at this date scarcely envisage the callous rationalism with which I set them aside.

24.13

Alles in allem ein seltsamer Haufen von Ausschnitten, und ich kann mir heute kaum vorstellen, mit welchem gefühllosen Rationalismus ich sie beiseite schob.

But I was then convinced that young Wilcox had known of the older matters mentioned by the professor.

24.14

Aber ich war damals überzeugt, dass der junge Wilcox von den älteren Dingen wusste, die der Professor erwähnte.

---

## 2. The Tale of Inspector Legrasse.

26.1

2. Das Märchen von Inspektor Legrasse.

The older matters which had made the sculptor's dream and bas-relief so significant to my uncle formed the subject of the second half of his long manuscript.

27.1

Die älteren Dinge, die den Traum und das Flachrelief des Bildhauers für meinen Onkel so bedeutsam gemacht hatten, bildeten das Thema der zweiten Hälfte seines langen Manuskripts.

27.2 Once before, it appears, Professor Angell had seen the hellish outlines of the nameless monstrosity, puzzled over the unknown hieroglyphics, and heard the ominous syllables which can be rendered only as "Cthulhu";

Wie es scheint, hatte Professor Angell schon einmal die höllischen Umrisse der namenlosen Monstrosität gesehen, über die unbekannten Hieroglyphen gerätselt und die unheilvollen Silben gehört, die nur als "Cthulhu" wiedergegeben werden können;

27.3 and all this in so stirring and horrible a connection that it is small wonder he pursued young Wilcox with queries and demands for data.

und das alles in einem so aufrüttelnden und grausamen Zusammenhang, dass es kein Wunder ist, dass er den jungen Wilcox mit Fragen und Forderungen nach Daten verfolgte.

28.1 This earlier experience had come in 1908, seventeen years before, when the American Archeological Society held its annual meeting in St. Louis.

Diese frühere Erfahrung hatte sich 1908, also siebzehn Jahre zuvor, zugetragen, als die Amerikanische Archäologische Gesellschaft ihre Jahrestagung in St. Louis abhielt.

Professor Angell, as befitted one of his authority and attainments, had had a prominent part in all the deliberations; and was one of the first to be approached by the several outsiders who took advantage of the convocation to offer questions for correct answering and problems for expert solution.

28.2

Professor Angell hatte, wie es sich für einen Mann mit seiner Autorität und seinen Fähigkeiten gehörte, eine herausragende Rolle bei allen Beratungen gespielt und war einer der ersten, an den sich mehrere Außenstehende wandten, die die Versammlung nutzten, um Fragen zur korrekten Beantwortung und Probleme zur sachkundigen Lösung anzubieten.

The chief of these outsiders, and in a short time the focus of interest for the entire meeting, was a commonplace-looking middle-aged man who had traveled all the way from New Orleans for certain special information unobtainable from any local source.

29.1

Der Anführer dieser Außenseiter und in kurzer Zeit der Mittelpunkt des Interesses der gesamten Versammlung war ein gewöhnlich aussehender Mann mittleren Alters, der den ganzen Weg von New Orleans angereist war, um bestimmte spezielle Informationen zu erhalten, die von keiner lokalen Quelle zu bekommen waren.

His name was John Raymond Legrasse,

29.2

Sein Name war John Raymond Legrasse,

and he was by profession an inspector of police.

29.3

und er war von Beruf Polizeiinspektor.

29.4 With him he bore the subject of his visit, a grotesque, repulsive, and apparently very ancient stone statuette whose origin he was at a loss to determine.

Im Gepäck hatte er den Gegenstand seines Besuchs, eine groteske, abstoßende und offenbar sehr alte Steinstatuette, deren Herkunft er nicht zu bestimmen wusste.

30.1 It must not be fancied that Inspector Legrasse had the least interest in archeology.

Man darf sich nicht einbilden, dass Inspektor Legrasse das geringste Interesse an Archäologie hatte.

30.2 On the contrary,

Im Gegenteil,

30.3 his wish for enlightenment was prompted by purely professional considerations.

sein Wunsch nach Aufklärung wurde von rein beruflichen Erwägungen geleitet.

30.4 The statuette, idol, fetish, or whatever it was, had been captured some months before in the wooded swamps south of New Orleans during a raid on a supposed voodoo meeting;

Die Statuette, das Idol, der Fetisch oder was auch immer es war, war einige Monate zuvor in den bewaldeten Sümpfen südlich von New Orleans bei einer Razzia auf einem vermeintlichen Voodoo-Treffen erbeutet worden;

and so singular and hideous were the rites connected    30.5
with it, that the police could not but realize that
they had stumbled on a dark cult totally unknown
to them, and infinitely more diabolic than even the
blackest of the African voodoo circles.

und die damit verbundenen Riten waren so eigenartig
und abscheulich, dass die Polizei nicht umhin kam zu
erkennen, dass sie auf einen dunklen Kult gestoßen war,
der ihnen völlig unbekannt war und der unendlich viel
teuflischer war als selbst der schwärzeste der afrikanischen
Voodoo-Kreise.

Of its origin, apart from the erratic and unbelievable    30.6
tales extorted from the captured members, absolutely
nothing was to be discovered;

Abgesehen von den erratischen und unglaublichen
Erzählungen, die man den gefangenen Mitgliedern
entlockt hatte, konnte man nichts über ihren Ursprung
herausfinden;

hence the anxiety of the police for any antiquarian    30.7
lore which might help them to place the frightful
symbol, and through it track down the cult to its
fountain-head.

daher war die Polizei auf der Suche nach antiquarischen
Überlieferungen, die ihnen helfen könnten, das
schreckliche Symbol einzuordnen und den Kult bis zu
seinem Ursprung zu verfolgen.

Inspector Legrasse was scarcely prepared for the    31.1
sensation which his offering created.

Inspektor Legrasse war kaum auf die Sensation vorbereitet,
die sein Angebot auslöste.

31.2 One sight of the thing had been enough to throw the assembled men of science into a state of tense excitement, and they lost no time in crowding around him to gaze at the diminutive figure whose utter strangeness and air of genuinely abysmal antiquity hinted so potently at unopened and archaic vistas.

Ein einziger Anblick hatte ausgereicht, um die versammelten Wissenschaftler in einen Zustand gespannter Erregung zu versetzen, und sie verloren keine Zeit, sich um ihn zu drängen, um die winzige Figur zu betrachten, deren völlige Fremdartigkeit und die Anmutung eines wahrhaft abgründigen Altertums so stark auf ungeöffnete und archaische Aussichten hindeuteten.

31.3 No recognized school of sculpture had animated this terrible object,

Keine anerkannte Schule der Bildhauerei hatte dieses schreckliche Objekt belebt,

31.4 yet centuries and even thousands of years seemed recorded in its dim and greenish surface of unplaceable stone.

und doch schienen Jahrhunderte und sogar Jahrtausende in seiner trüben und grünlichen Oberfläche aus unbeständigem Stein aufgezeichnet.

32.1 The figure, which was finally passed slowly from man to man for close and careful study, was between seven and eight inches in height, and of exquisitely artistic workmanship.

Die Figur, die schließlich langsam von Mann zu Mann weitergereicht wurde, um sie genau zu studieren, war zwischen sieben und acht Zoll groß und von außerordentlicher künstlerischer Ausführung.

It represented a monster of vaguely anthropoid outline, but with an octopuslike head whose face was a mass of feelers, a scaly, rubbery-looking body, prodigious claws on hind and fore feet, and long, narrow wings behind.

32.2

Sie stellte ein Ungeheuer mit vagen anthropoiden Umrissen dar, aber mit einem krakenartigen Kopf, dessen Gesicht eine Masse von Fühlern war, einem schuppigen, gummiartigen Körper, gewaltigen Klauen an Hinter - und Vorderfüßen und langen, schmalen Flügeln hinten.

This thing, which seemed instinct with a fearsome and unnatural malignancy, was of a somewhat bloated corpulence, and squatted evilly on a rectangular block or pedestal covered with undecipherable characters.

32.3

Dieses Ding, das von einer furchterregenden und unnatürlichen Bösartigkeit beseelt zu sein schien, war von einer etwas aufgeblähten Körperfülle und hockte böse auf einem rechteckigen Block oder Sockel, der mit unentzifferbaren Schriftzeichen bedeckt war.

The tips of the wings touched the back edge of the block, the seat occupied the center, whilst the long, curved claws of the doubled-up, crouching hind legs gripped the front edge and extended a quarter of the way down toward the bottom of the pedestal.

32.4

Die Spitzen der Flügel berührten den hinteren Rand des Blocks, die Sitzfläche befand sich in der Mitte, während die langen, gekrümmten Klauen der gedoppelten, kauernden Hinterbeine den vorderen Rand umklammerten und sich bis zu einem Viertel des Sockels hinunter erstreckten.

32.5 The cephalopod head was bent forward, so that the ends of the facial feelers brushed the backs of huge forepaws which clasped the croucher's elevated knees.

Der Kopf des Kopffüßers war nach vorn gebeugt, so dass die Enden der Gesichtsfühler die Rückseiten der riesigen Vorderpfoten berührten, die die hochgezogenen Knie des Hockers umklammerten.

32.6 The aspect of the whole was abnormally lifelike,

Der Anblick des Ganzen war ungewöhnlich lebensecht und um so furchteinflößender,

32.7 and the more subtly fearful because its source was so totally unknown.

als sein Ursprung so völlig unbekannt war.

32.8 Its vast, awesome, and incalculable age was unmistakable;

Sein gewaltiges, ehrfurchtgebietendes und unberechenbares Alter war unverkennbar;

32.9 yet not one link did it show with any known type of art belonging to civilization's youth -

dennoch wies es keine einzige Verbindung zu irgendeiner bekannten Kunstform auf, die der Jugend der Zivilisation angehörte -

32.10 or indeed to any other time.

oder überhaupt irgendeiner anderen Zeit.

Totally separate and apart, its very material was a
mystery; for the soapy, greenish-black stone with its
golden or iridescent flecks and striations resembled
nothing familiar to geology or mineralogy.

33.1

Der seifige, grünlich-schwarze Stein mit seinen goldenen
oder schillernden Flecken und Rillen ähnelte nichts, was
der Geologie oder Mineralogie bekannt war.

The characters along the base were equally baffling;
and no member present, despite a representation
of half the world's expert learning in this field,
could form the least notion of even their remotest
linguistic kinship.

33.2

Die Schriftzeichen an der Basis waren ebenso rätselhaft,
und kein Anwesendes konnte sich auch nur im
Entferntesten eine Vorstellung von ihrer sprachlichen
Verwandtschaft machen, obwohl die Hälfte der Fachleute
der Welt auf diesem Gebiet vertreten war.

They, like the subject and material, belonged to
something horribly remote and distinct from
mankind as we know it;

33.3

Wie der Gegenstand und das Material gehörten sie zu etwas,
das von der Menschheit, wie wir sie kennen, furchtbar weit
entfernt und verschieden ist;

something frightfully suggestive of old and
unhallowed cycles of life in which our world and
our conceptions have no part.

33.4

etwas, das auf erschreckende Weise an alte und unheilige
Lebenszyklen erinnert, an denen unsere Welt und unsere
Vorstellungen keinen Anteil haben.

34.1 And yet, as the members severally shook their heads
and confessed defeat at the inspector's problem,
there was one man in that gathering who suspected
a touch of bizarre familiarity in the monstrous shape
and writing, and who presently told with some
diffidence of the odd trifle he knew.

Doch während die Mitglieder einzeln den Kopf schüttelten
und ihre Niederlage angesichts des Problems des
Inspektors eingestehen mussten, gab es einen Mann in
der Versammlung, der in der monströsen Form und Schrift
einen Hauch von bizarrer Vertrautheit vermutete und der
mit einiger Zurückhaltung von der seltsamen Kleinigkeit
erzählte, die er kannte.

34.2 This person was the late William Channing Webb,
professor of anthropology in Princeton University,
and an explorer of no slight note.

Bei diesem Mann handelte es sich um den verstorbenen
William Channing Webb, Professor für Anthropologie an
der Universität Princeton und ein nicht unbedeutender
Forscher.

Professor Webb had been engaged, forty-eight years before, in a tour of Greenland and Iceland in search of some Runic inscriptions which he failed to unearth; and whilst high up on the West Greenland coast had encountered a singular tribe or cult of degenerate Eskimos whose religion, a curious form of devil-worship, chilled him with its deliberate bloodthirstiness and repulsiveness.

35.1

Professor Webb war achtundvierzig Jahre zuvor auf einer Reise durch Grönland und Island auf der Suche nach einigen Runeninschriften gewesen, die er nicht ausfindig machen konnte, und war hoch oben an der westgrönländischen Küste auf einen eigenartigen Stamm oder Kult degenerierter Eskimos gestoßen, deren Religion, eine merkwürdige Form der Teufelsanbetung, ihn mit ihrer vorsätzlichen Blutrünstigkeit und Abscheu erschreckte.

It was a faith of which other Eskimos knew little, and which they mentioned only with shudders, saying that it had come down from horribly ancient eons before ever the world was made.

35.2

Es war ein Glaube, von dem die anderen Eskimos nur wenig wussten und von dem sie nur mit Schaudern sprachen, weil sie sagten, er stamme aus furchtbar alten Zeiten, bevor die Welt überhaupt erschaffen wurde.

Besides nameless rites and human sacrifices there were certain queer hereditary rituals addressed to a supreme elder devil or tornasuk;

35.3

Neben namenlosen Riten und Menschenopfern gab es bestimmte seltsame erbliche Rituale, die an einen obersten älteren Teufel oder Tornasuk gerichtet waren;

42

35.4 and of this Professor Webb had taken a careful phonetic copy from an aged angekok or wizard-priest, expressing the sounds in Roman letters as best he knew how.

und davon hatte Professor Webb eine sorgfältige phonetische Abschrift von einem gealterten Ankok oder Zauberer-Priester genommen, wobei er die Laute in römischen Buchstaben ausdrückte, so gut er es konnte.

35.5 But just now of prime significance was the fetish which this cult had cherished, and around which they danced when the aurora leaped high over the ice cliffs.

Von größter Bedeutung war jedoch der Fetisch, den dieser Kult hegte und um den sie tanzten, wenn die Aurora hoch über den Eisklippen schwebte.

35.6 It was, the professor stated, a very crude bas-relief of stone, comprising a hideous picture and some cryptic writing.

Es handelte sich, wie der Professor erklärte, um ein sehr grobes Flachrelief aus Stein, bestehend aus einem abscheulichen Bild und einer kryptischen Schrift.

35.7 And as far as he could tell, it was a rough parallel in all essential features of the bestial thing now lying before the meeting.

Und soweit er es beurteilen konnte, war es in allen wesentlichen Merkmalen eine grobe Parallele zu dem bestialischen Ding, das jetzt vor der Versammlung lag.

These data, received with suspense and astonishment 36.1
by the assembled members, proved doubly exciting
to Inspector Legrasse; and he began at once to ply his
informant with questions.

Diese Daten, die von den versammelten Mitgliedern mit
Spannung und Erstaunen aufgenommen wurden, waren
für Inspektor Legrasse doppelt spannend, und er begann
sofort, seinen Informanten mit Fragen zu löchern.

Having noted and copied an oral ritual among the 36.2
swamp cult-worshipers his men had arrested, he
besought the professor to remember as best he
might the syllables taken down amongst the diabolist
Eskimos.

Nachdem er ein mündliches Ritual der Sumpfkultisten, die
seine Männer verhaftet hatten, notiert und abgeschrieben
hatte, bat er den Professor, sich so gut wie möglich an die
Silben zu erinnern, die er bei den teuflischen Eskimos
aufgeschrieben hatte.

There then followed an exhaustive comparison of 36.3
details, and a moment of really awed silence when
both detective and scientist agreed on the virtual
identity of the phrase common to two hellish rituals
so many worlds of distance apart.

Es folgte ein erschöpfender Vergleich der Details und ein
Moment ehrfürchtigen Schweigens, als der Detektiv und
der Wissenschaftler sich einig waren, dass die Phrase,
die den beiden höllischen Ritualen, die so viele Welten
voneinander entfernt waren, gemeinsam war, praktisch
identisch war.

What, in substance, both the Eskimo wizards and 36.4
the Louisiana swamp-priests had chanted to their
kindred idols was something very like this -

Was sowohl die Eskimozauberer als auch die Sumpfpriester
von Louisiana ihren verwandten Idolen vorgesungen
hatten, war im Wesentlichen so ähnlich -

36.5 **the word-divisions being guessed at from traditional breaks in the phrase as chanted aloud:**
die Worttrennungen wurden aus den traditionellen Unterbrechungen des laut gesungenen Satzes erraten:

37.1 **"Ph'nglui mglw'nafh Cthulhu R'lyeh wgah'nagl fhtagn."**
"Ph'nglui mglw'nafh Cthulhu R'lyeh wgah'nagl fhtagn."

38.1 **Legrasse had one point in advance of Professor Webb, for several among his mongrel prisoners had repeated to him what older celebrants had told them the words meant.**
Legrasse war Professor Webb in einem Punkt voraus, denn mehrere seiner mongrelischen Gefangenen hatten ihm gegenüber wiederholt, was ältere Feiernde ihnen über die Bedeutung der Worte gesagt hatten.

38.2 **This text, as given, ran something like this:**
Dieser Text lautete in etwa wie folgt:

39.1 **"In his house at R'lyeh dead Cthulhu waits dreaming."**
"In seinem Haus in R'lyeh wartet der tote Cthulhu träumend."

---

41.1 **And now, in response to a general urgent demand, Inspector Legrasse related as fully as possible his experience with the swamp worshipers;**
Und nun erzählte Inspektor Legrasse auf allgemeines dringendes Verlangen so ausführlich wie möglich von seinen Erfahrungen mit den Sumpfanbetern;

telling a story to which I could see my uncle attached profound significance. <sub>41.2</sub>

er erzählte eine Geschichte, der mein Onkel, wie ich sehen konnte, eine tiefe Bedeutung beimaß.

It savored of the wildest dreams of myth-maker and theosophist, <sub>41.3</sub>

Sie erinnerte an die wildesten Träume von Mythenmachern und Theosophen und offenbarte ein erstaunliches Maß an kosmischer Vorstellungskraft bei solchen Mischlingen und Ausgestoßenen,

and disclosed an astonishing degree of cosmic imagination among such half-castes and pariahs as might be least expected to possess it. <sub>41.4</sub>

von denen man es am wenigsten erwarten würde.

On November 1st, 1907, there had come to New Orleans police a frantic summons from the swamp and lagoon country to the south. <sub>42.1</sub>

Am 1. November 1907 erreichte die Polizei von New Orleans ein verzweifelter Hilferuf aus dem Sumpf - und Lagunengebiet im Süden.

The squatters there, mostly primitive but good-natured descendants of Lafitte's men, were in the grip of stark terror from an unknown thing which had stolen upon them in the night. <sub>42.2</sub>

Die dortigen Landbesetzer, zumeist primitive, aber gutmütige Nachfahren von Lafittes Männern, wurden von einem unbekannten Wesen in Angst und Schrecken versetzt, das in der Nacht über sie hereingebrochen war.

42.3 It was voodoo, apparently, but voodoo of a more terrible sort than they had ever known; and some of their women and children had disappeared since the malevolent tom-tom had begun its incessant beating far within the black haunted woods where no dweller ventured.

Es handelte sich offenbar um Voodoo, aber um eine schrecklichere Art von Voodoo, als sie je gekannt hatten, und einige ihrer Frauen und Kinder waren verschwunden, seit das bösartige Tamtam sein unaufhörliches Schlagen weit in den schwarzen, geisterhaften Wäldern begonnen hatte, in die sich kein Bewohner wagte.

42.4 There were insane shouts and harrowing screams,

Es gab irrsinnige Rufe und erschütternde Schreie,

42.5 soul-chilling chants and dancing devil-flames;

seelisch erschütternde Gesänge und tanzende Teufelsflammen;

42.6 and, the frightened messenger added, the people could stand it no more.

und, so fügte der verängstigte Bote hinzu, die Menschen konnten es nicht mehr ertragen.

43.1 So a body of twenty police, filling two carriages and an automobile, had set out in the late afternoon with the shivering squatter as a guide.

Eine Gruppe von zwanzig Polizisten, die zwei Kutschen und ein Auto füllten, war am späten Nachmittag mit dem zitternden Hausbesetzer als Führer aufgebrochen.

At the end of the passable road they alighted, and for miles splashed on in silence through the terrible cypress woods where day never came.

43.2

Am Ende der befahrbaren Straße stiegen sie aus, und meilenweit ging es schweigend durch die schrecklichen Zypressenwälder, in denen es nie Tag wurde.

Ugly roots and malignant hanging nooses of Spanish moss beset them, and now and then a pile of dank stones or fragments of a rotting wall intensified by its hint of morbid habitation a depression which every malformed tree and every fungous islet combined to create.

43.3

Hässliche Wurzeln und bösartige, hängende Schlingen aus spanischem Moos bedrängten sie, und ab und zu verstärkte ein Haufen feuchter Steine oder Fragmente einer verrottenden Mauer durch seine Andeutung einer morbiden Behausung eine Depression, die jeder missgebildete Baum und jedes pilzartige Inselchen gemeinsam erzeugte.

At length the squatter settlement, a miserable huddle of huts, hove in sight; and hysterical dwellers ran out to cluster around the group of bobbing lanterns.

43.4

Endlich kam die Siedlung der Hausbesetzer in Sicht, ein erbärmlicher Haufen von Hütten, und die hysterischen Bewohner liefen hinaus, um sich um die Gruppe der schwankenden Laternen zu scharen.

The muffled beat of tom-toms was now faintly audible far, far ahead; and a curdling shriek came at infrequent intervals when the wind shifted.

43.5

Das dumpfe Schlagen von Trommeln war nun weit, weit voraus zu hören, und in unregelmäßigen Abständen, wenn der Wind drehte, ertönte ein gellender Schrei.

43.6 A reddish glare, too, seemed to filter through the pale undergrowth beyond endless avenues of forest night.

Auch ein rötlicher Schimmer schien durch das blasse Unterholz jenseits der endlosen Alleen der Waldnacht zu dringen.

43.7 Reluctant even to be left alone again, each one of the cowed squatters refused point-blank to advance another inch toward the scene of unholy worship, so Inspector Legrasse and his nineteen colleagues plunged on unguided into black arcades of horror that none of them had ever trod before.

Jeder der verängstigten Hausbesetzer weigerte sich, auch nur einen Zentimeter auf den Schauplatz der unheiligen Anbetung zuzugehen, und so stürzten Inspektor Legrasse und seine neunzehn Kollegen ohne Führung weiter in die schwarzen Arkaden des Grauens, die keiner von ihnen je zuvor betreten hatte.

44.1 The region now entered by the police was one of traditionally evil repute, substantially unknown and untraversed by white men.

Das Gebiet, in das die Polizei nun eindrang, war traditionell von bösem Ruf, im Wesentlichen unbekannt und von den Weißen nicht durchquert.

44.2 There were legends of a hidden lake unglimpsed by mortal sight, in which dwelt a huge, formless white polypous thing with luminous eyes;

Es gab Legenden über einen verborgenen See, der dem Blick der Sterblichen entzogen war und in dem ein riesiges, formloses, weißes Polypenwesen mit leuchtenden Augen hauste;

and squatters whispered that bat-winged devils 44.3
flew up out of caverns in inner earth to worship it at
midnight.
und die Bewohner flüsterten, dass fledermausgeflügelte
Teufel aus Höhlen im Erdinneren emporstiegen, um es um
Mitternacht anzubeten.

They said it had been there before D'Iberville, before 44.4
La Salle, before the Indians, and before even the
wholesome beasts and birds of the woods.
Sie sagten, es sei schon vor D'Iberville, vor La Salle, vor den
Indianern und sogar vor den gesunden Tieren und Vögeln
des Waldes da gewesen.

It was nightmare itself, and to see it was to die. 44.5
Es war der Albtraum selbst, und es zu sehen, bedeutete zu
sterben.

But it made men dream, and so they knew enough to 44.6
keep away.
Aber es brachte die Menschen zum Träumen, und so
wussten sie genug, um sich fernzuhalten.

The present voodoo orgy was, indeed, on the merest 44.7
fringe of this abhorred area, but that location was
bad enough;
Die gegenwärtige Voodoo-Orgie fand zwar am äußersten
Rand dieses verabscheuten Gebietes statt, aber dieser Ort
war schon schlimm genug;

hence perhaps the very place of the worship had 44.8
terrified the squatters more than the shocking
sounds and incidents.
vielleicht hatte der Ort der Verehrung die Besetzer
mehr erschreckt als die schockierenden Geräusche und
Vorkommnisse.

45.1 Only poetry or madness could do justice to the noises heard by Legrasse's men as they plowed on through the black morass toward the red glare and the muffled tom-toms.

Nur Poesie oder Wahnsinn könnten den Geräuschen gerecht werden, die Legrasses Männer hörten, als sie sich durch den schwarzen Morast auf das rote Licht und die dumpfen Trommeln zubewegten.

45.2 There are vocal qualities peculiar to men, and vocal qualities peculiar to beasts;

Es gibt Gesangsqualitäten, die dem Menschen eigen sind, und Gesangsqualitäten, die den Tieren eigen sind;

45.3 and it is terrible to hear the one when the source should yield the other.

und es ist schrecklich, das eine zu hören, wenn die Quelle das andere hervorbringen sollte.

45.4 Animal fury and orgiastic license here whipped themselves to demoniac heights by howls and squawking ecstasies that tore and reverberated through those nighted woods like pestilential tempests from the gulfs of hell.

Tierische Wut und orgiastische Ausschweifungen steigerten sich hier in dämonische Höhen, indem sie heulend und krächzend durch die nächtlichen Wälder hallten wie pestilenzielle Stürme aus den Abgründen der Hölle.

45.5 Now and then the less organized ululations would cease,

Ab und zu verstummte das weniger organisierte Geschrei,

and from what seemed a well-drilled chorus of  45.6
hoarse voices would rise in singsong chant that
hideous phrase or ritual:

und aus einem scheinbar gut geübten Chor heiserer
Stimmen erhob sich im Singsang die abscheuliche Phrase
oder das Ritual:

"Ph'nglui mglw'nafh Cthulhu R'lyeh wgah'nagl  46.1
fhtagn."

"Ph'nglui mglw'nafh Cthulhu R'lyeh wgah'nagl fhtagn."

Then the men, having reached a spot where the trees  47.1
were thinner, came suddenly in sight of the spectacle
itself.

Als die Männer eine Stelle erreichten, an der die Bäume
lichter waren, erblickten sie plötzlich das eigentliche
Spektakel.

Four of them reeled, one fainted, and two were  47.2
shaken into a frantic cry which the mad cacophony of
the orgy fortunately deadened.

Vier von ihnen taumelten, einer fiel in Ohnmacht, und zwei
wurden zu einem verzweifelten Schrei geschüttelt, den
die wahnsinnige Kakophonie der Orgie glücklicherweise
dämpfte.

Legrasse dashed swamp water on the face of the  47.3
fainting man,

Legrasse spritzte Sumpfwasser auf das Gesicht des
ohnmächtigen Mannes,

and all stood trembling and nearly hypnotized with  47.4
horror.

und alle standen zitternd und fast hypnotisiert vor
Entsetzen.

48.1 In a natural glade of the swamp stood a grassy island of perhaps an acre's extent,

In einer natürlichen Lichtung des Sumpfes befand sich eine grasbewachsene Insel von vielleicht einem Hektar Größe,

48.2 clear of trees and tolerably dry.

frei von Bäumen und einigermaßen trocken.

48.3 On this now leaped and twisted a more indescribable horde of human abnormality than any but a Sime or an Angarola could paint.

Auf ihr tummelte sich eine unbeschreibliche Horde menschlicher Abnormitäten, wie sie nur ein Sime oder ein Angarola malen konnte.

48.4 Void of clothing, this hybrid spawn were braying, bellowing and writhing about a monstrous ring-shaped bonfire; in the center of which, revealed by occasional rifts in the curtain of flame, stood a great granite monolith some eight feet in height; on top of which, incongruous in its diminutiveness, rested the noxious carven statuette.

Die unbekleidete Mischlingsbrut brüllte, brüllte und windete sich um ein monströses, ringförmiges Lagerfeuer, in dessen Mitte, durch gelegentliche Risse im Flammenvorhang verraten, ein großer Granitmonolith von etwa acht Fuß Höhe stand, auf dessen Spitze, in seiner Winzigkeit unpassend, die scheußliche geschnitzte Statuette ruhte.

From a wide circle of ten scaffolds set up at regular intervals with the flame-girt monolith as a center hung, head downward, the oddly marred bodies of the helpless squatters who had disappeared. 48.5

Von einem weiten Kreis aus zehn Gerüsten, die in regelmäßigen Abständen mit dem flammenumrankten Monolithen als Zentrum aufgestellt waren, hingen die seltsam entstellten Körper der hilflosen Hausbesetzer, die verschwunden waren, mit dem Kopf nach unten.

It was inside this circle that the ring of worshipers jumped and roared, 48.6

Innerhalb dieses Kreises sprang und brüllte der Ring der Anbeter,

the general direction of the mass motion being from left to right in endless bacchanale between the ring of bodies and the ring of fire. 48.7

wobei die allgemeine Richtung der Massenbewegung von links nach rechts in einem endlosen Bacchanal zwischen dem Ring der Körper und dem Ring des Feuers verlief.

It may have been only imagination and it may have been only echoes which induced one of the men, an excitable Spaniard, to fancy he heard antiphonal responses to the ritual from some far and unillumined spot deeper within the wood of ancient legendry and horror. 49.1

Vielleicht war es nur Einbildung und vielleicht waren es nur Echos, die einen der Männer, einen erregbaren Spanier, dazu verleiteten, zu glauben, er höre antiphonale Antworten auf das Ritual von einem weit entfernten und unbeleuchteten Ort tiefer im Wald der alten Legenden und des Grauens.

49.2 This man, Joseph D. Galvez, I later met and questioned;

Diesen Mann, Joseph D. Galvez, traf ich später und befragte ihn;

49.3 and he proved distractingly imaginative.

und er erwies sich als äußerst fantasievoll.

49.4 He indeed went so far as to hint of the faint beating of great wings,

Er ging sogar so weit,

49.5 and of a glimpse of shining eyes and a mountainous white bulk beyond the remotest trees -

das schwache Schlagen großer Flügel anzudeuten und einen Blick auf leuchtende Augen und eine gebirgige weiße Masse jenseits der entferntesten Bäume zu erhaschen -

49.6 but I suppose he had been hearing too much native superstition.

aber ich nehme an, er hatte zu viel einheimischen Aberglauben gehört.

50.1 Actually, the horrified pause of the men was of comparatively brief duration.

Tatsächlich war das entsetzte Innehalten der Männer von vergleichsweise kurzer Dauer.

50.2 Duty came first; and although there must have been nearly a hundred mongrel celebrants in the throng, the police relied on their firearms and plunged determinedly into the nauseous rout.

Die Pflicht ging vor, und obwohl sich in dem Gedränge fast hundert Feiernde befunden haben müssen, verließ sich die Polizei auf ihre Schusswaffen und stürzte sich entschlossen in das ekelerregende Getümmel.

For five minutes the resultant din and chaos were beyond description.

50.3

Fünf Minuten lang herrschte ein unbeschreibliches Getöse und Chaos.

Wild blows were struck, shots were fired, and escapes were made; but in the end Legrasse was able to count some forty-seven sullen prisoners, whom he forced to dress in haste and fall into line between two rows of policemen.

50.4

Es gab wilde Schläge, Schüsse und Fluchtversuche, aber am Ende konnte Legrasse etwa siebenundvierzig mürrische Gefangene zählen, die er zwang, sich in aller Eile anzuziehen und sich zwischen zwei Reihen von Polizisten aufzustellen.

Five of the worshipers lay dead,

50.5

Fünf der Anbeter lagen tot da,

and two severely wounded ones were carried away on improvised stretchers by their fellow-prisoners.

50.6

und zwei Schwerverletzte wurden von ihren Mitgefangenen auf improvisierten Bahren weggetragen.

The image on the monolith, of course, was carefully removed and carried back by Legrasse.

50.7

Das Bild auf dem Monolithen wurde natürlich sorgfältig entfernt und von Legrasse zurückgebracht.

Examined at headquarters after a trip of intense strain and weariness, the prisoners all proved to be men of a very low, mixed-blooded, and mentally aberrant type.

51.1

Bei der Untersuchung im Hauptquartier nach einer sehr anstrengenden und ermüdenden Reise erwiesen sich die Gefangenen alle als Männer eines sehr niedrigen, gemischten und geistig abnormen Typs.

**51.2** Most were seamen, and a sprinkling of negroes and mulattoes, largely West Indians or Brava Portuguese from the Cape Verde Islands, gave a coloring of voodooism to the heterogeneous cult.

Die meisten waren Seeleute, und ein paar Neger und Mulatten, größtenteils Westindianer oder Brava-Portugiesen von den Kapverdischen Inseln, gaben dem heterogenen Kult einen voodooistischen Anstrich.

**51.3** But before many questions were asked, it became manifest that something far deeper and older than negro fetishism was involved.

Doch bevor viele Fragen gestellt wurden, zeigte sich, dass es um etwas viel Tieferes und Älteres als Negerfetischismus ging.

**51.4** Degraded and ignorant as they were,

So erniedrigt und unwissend sie auch waren,

**51.5** the creatures held with surprizing consistency to the central idea of their loathsome faith.

hielten die Kreaturen mit überraschender Konsequenz an der zentralen Idee ihres abscheulichen Glaubens fest.

**52.1** They worshiped, so they said, the Great Old Ones who lived ages before there were any men, and who came to the young world out of the sky.

Sie verehrten, so sagten sie, die Großen Alten, die lange vor den Menschen lebten und aus dem Himmel in die junge Welt kamen.

**52.2** Those Old Ones were gone now,

Diese Alten waren nun verschwunden,

**52.3** inside the earth and under the sea;

im Inneren der Erde und unter dem Meer;

but their dead bodies had told their secrets in dreams    52.4
to the first man, who formed a cult which had never
died.

aber ihre toten Körper hatten ihre Geheimnisse in
Träumen dem ersten Menschen erzählt, der einen Kult
bildete, der nie gestorben war.

This was that cult, and the prisoners said it had    52.5
always existed and always would exist, hidden in
distant wastes and dark places all over the world until
the time when the great priest Cthulhu, from his dark
house in the mighty city of R'lyeh under the waters,
should rise and bring the earth again beneath his
sway.

Dies war dieser Kult, und die Gefangenen sagten, er habe
immer existiert und werde immer existieren, verborgen
in fernen Wüsten und dunklen Orten auf der ganzen Welt,
bis zu der Zeit, da der große Priester Cthulhu aus seinem
dunklen Haus in der mächtigen Stadt R'lyeh unter den
Wassern auferstehen und die Erde wieder unter seine
Herrschaft bringen würde.

Some day he would call, when the stars were ready,    52.6
and the secret cult would always be waiting to
liberate him.

Eines Tages würde er rufen, wenn die Sterne bereit waren,
und der geheime Kult würde immer darauf warten, ihn zu
befreien.

Meanwhile no more must be told.    53.1

In der Zwischenzeit darf nicht mehr gesagt werden.

There was a secret which even torture could not    53.2
extract.

Es gab ein Geheimnis, das selbst die Folter nicht entreißen
konnte.

53.3 Mankind was not absolutely alone among the conscious things of earth, for shapes came out of the dark to visit the faithful few.
Der Mensch war nicht ganz allein unter den bewussten Dingen der Erde, denn aus der Dunkelheit kamen Gestalten, um die wenigen Gläubigen zu besuchen.

53.4 But these were not the Great Old Ones.
Aber es waren nicht die Großen Alten.

53.5 No man had ever seen the Old Ones.
Kein Mensch hatte jemals die Alten gesehen.

53.6 The carven idol was great Cthulhu, but none might say whether or not the others were precisely like him.
Das geschnitzte Götzenbild war der große Cthulhu, aber niemand konnte sagen, ob die anderen genau wie er waren oder nicht.

53.7 No one could read the old writing now,
Niemand konnte mehr die alte Schrift lesen,

53.8 but things were told by word of mouth.
aber man erzählte sich die Dinge mündlich.

53.9 The chanted ritual was not the secret -
Das gesungene Ritual war nicht das Geheimnis -

53.10 that was never spoken aloud, only whispered.
das wurde nie laut ausgesprochen, nur geflüstert.

53.11 The chant meant only this:
Der Gesang bedeutete nur dies:

"In his house at R'lyeh dead Cthulhu waits dreaming."

53.12

"In seinem Haus in R'lyeh wartet der tote Cthulhu und träumt."

---

Only two of the prisoners were found sane enough to be hanged, and the rest were committed to various institutions.

55.1

Nur zwei der Gefangenen wurden für zurechnungsfähig genug befunden, um gehängt zu werden, und der Rest wurde in verschiedene Anstalten eingewiesen.

All denied a part in the ritual murders, and averred that the killing had been done by Black-winged Ones which had come to them from their immemorial meeting-place in the haunted wood.

55.2

Alle leugneten eine Beteiligung an den rituellen Morden und behaupteten, die Tötungen seien von Schwarzgeflügelten begangen worden, die von ihrem uralten Treffpunkt im Spukwald zu ihnen gekommen waren.

But of those mysterious allies no coherent account could ever be gained.

55.3

Aber über diese geheimnisvollen Verbündeten konnte nie eine schlüssige Erklärung gefunden werden.

55.4 What the police did extract came mainly from an immensely aged mestizo named Castro, who claimed to have sailed to strange ports and talked with undying leaders of the cult in the mountains of China.

Was die Polizei in Erfahrung bringen konnte, stammte hauptsächlich von einem hochbetagten Mestizen namens Castro, der behauptete, er sei zu fremden Häfen gesegelt und habe in den Bergen Chinas mit unsterblichen Anführern des Kults gesprochen.

56.1 Old Castro remembered bits of hideous legend that paled the speculations of theosophists and made man and the world seem recent and transient indeed.

Der alte Castro erinnerte sich an Teile einer abscheulichen Legende, die die Spekulationen der Theosophen verblassen ließ und den Menschen und die Welt in der Tat als neu und vergänglich erscheinen ließ.

56.2 There had been eons when other Things ruled on the earth, and They had had great cities.

Es hatte Äonen gegeben, in denen andere Dinge auf der Erde herrschten, und sie hatten große Städte gehabt.

56.3 Remains of Them, he said the deathless Chinamen had told him, were still to be found as Cyclopean stones on islands in the Pacific.

Überreste von ihnen, so sagte er, hätten ihm die todlosen Chinesen erzählt, seien noch als Zyklopensteine auf Inseln im Pazifik zu finden.

They all died vast epochs of time before man came, but there were arts which could revive Them when the stars had come round again to the right positions in the cycle of eternity. 56.4

Sie alle starben lange Zeit, bevor der Mensch kam, aber es gab Künste, die sie wiederbeleben konnten, wenn die Sterne im Zyklus der Ewigkeit wieder die richtige Position eingenommen hatten.

They had, indeed, come themselves from the stars, and brought Their images with Them. 56.5

Sie waren in der Tat selbst von den Sternen gekommen und hatten ihre Bilder mitgebracht.

These Great Old Ones, Castro continued, were not composed altogether of flesh and blood. 57.1

Diese Großen Alten, so Castro weiter, bestanden nicht nur aus Fleisch und Blut.

They had shape — for did not this star-fashioned image prove it? 57.2

Sie hatten eine Form - bewies das nicht dieses sternförmige Bild?

— but that shape was not made of matter. 57.3

— aber diese Form war nicht aus Materie gemacht.

When the stars were right, They could plunge from world to world through the sky; but when the stars were wrong, They could not live. 57.4

Wenn die Sterne richtig standen, konnten sie durch den Himmel von Welt zu Welt stürzen, aber wenn die Sterne falsch standen, konnten sie nicht leben.

But although They no longer lived, 57.5

Doch obwohl sie nicht mehr lebten,

57.6  **They would never really die.**
würden sie niemals wirklich sterben.

57.7  **They all lay in stone houses in Their great city of R'lyeh, preserved by the spells of mighty Cthulhu for a glorious resurrection when the stars and the earth might once more be ready for Them.**
Sie lagen alle in steinernen Häusern in ihrer großen Stadt R'lyeh, bewahrt durch die Zaubersprüche des mächtigen Cthulhu für eine glorreiche Auferstehung, wenn die Sterne und die Erde wieder für sie bereit sein würden.

57.8  **But at that time some force from outside must serve to liberate Their bodies.**
Doch zu diesem Zeitpunkt musste eine Kraft von außen dazu dienen, ihre Körper zu befreien.

57.9  **The spells that preserved Them intact likewise prevented Them from making an initial move, and They could only lie awake in the dark and think whilst uncounted millions of years rolled by.**
Die Zaubersprüche, die sie intakt hielten, hinderten sie ebenfalls daran, einen ersten Schritt zu tun, und sie konnten nur wach in der Dunkelheit liegen und denken, während ungezählte Millionen von Jahren vergingen.

57.10  **They knew all that was occurring in the universe, for Their mode of speech was transmitted thought.**
Sie wussten alles, was im Universum vor sich ging, denn ihre Sprache war die der Gedanken.

57.11  **Even now They talked in Their tombs.**
Selbst jetzt sprachen sie in ihren Gräbern.

When, after infinities of chaos, the first men came, the Great Old Ones spoke to the sensitive among them by molding their dreams; 57.12

Als nach Unendlichkeiten des Chaos die ersten Menschen kamen, sprachen die Großen Alten zu den Sensiblen unter ihnen, indem sie ihre Träume formten;

for only thus could Their language reach the fleshly minds of mammals. 57.13

denn nur so konnte ihre Sprache den fleischlichen Verstand der Säugetiere erreichen.

Then, whispered Castro, those first men formed the cult around small idols which the Great Ones showed them; 58.1

Dann, flüsterte Castro, bildeten diese ersten Menschen den Kult um kleine Götzen, die ihnen die Großen zeigten;

idols brought in dim eras from dark stars. 58.2

Götzen, die in düsteren Zeiten von dunklen Sternen gebracht wurden.

That cult would never die till the stars came right again, and the secret priests would take great Cthulhu from His tomb to revive His subjects and resume His rule of earth. 58.3

Dieser Kult würde niemals sterben, bis die Sterne wieder richtig stehen und die geheimen Priester den großen Cthulhu aus seinem Grab holen würden, um seine Untertanen wiederzubeleben und seine Herrschaft über die Erde wieder aufzunehmen.

58.4 The time would be easy to know, for then mankind would have become as the Great Old Ones; free and wild and beyond good and evil, with laws and morals thrown aside and all men shouting and killing and reveling in joy.

Der Zeitpunkt wäre leicht zu erkennen, denn dann wäre die Menschheit so geworden wie die Großen Alten: frei und wild und jenseits von Gut und Böse, mit Gesetzen und Moral außer Kraft gesetzt und alle Menschen schreiend, mordend und in Freude schwelgend.

58.5 Then the liberated Old Ones would teach them new ways to shout and kill and revel and enjoy themselves, and all the earth would flame with a holocaust of ecstasy and freedom.

Dann würden die befreiten Alten sie lehren, wie man schreit und tötet und sich vergnügt, und die ganze Erde würde in einem Holocaust der Ekstase und Freiheit erglühen.

58.6 Meanwhile the cult, by appropriate rites, must keep alive the memory of those ancient ways and shadow forth the prophecy of their return.

In der Zwischenzeit muss der Kult durch entsprechende Riten die Erinnerung an diese alten Wege wachhalten und die Prophezeiung ihrer Rückkehr beschatten.

59.1 In the elder time chosen men had talked with the entombed Old Ones in dreams,

In der älteren Zeit hatten die Auserwählten in Träumen mit den begrabenen Alten gesprochen,

59.2 but then something had happened.

doch dann war etwas geschehen.

The great stone city R'lyeh, with its monoliths and sepulchers, had sunk beneath the waves; and the deep waters, full of the one primal mystery through which not even thought can pass, had cut off the spectral intercourse.

59.3

Die große steinerne Stadt R'lyeh mit ihren Monolithen und Gräbern war in den Wellen versunken, und das tiefe Wasser, erfüllt von dem einen Urgeheimnis, durch das nicht einmal Gedanken dringen können, hatte den gespenstischen Verkehr unterbunden.

But memory never died, and high priests said that the city would rise again when the stars were right.

59.4

Aber die Erinnerung starb nie, und die Hohepriester sagten, dass die Stadt wieder auferstehen würde, wenn die Sterne richtig stehen würden.

Then came out of the earth the black spirits of earth, moldy and shadowy, and full of dim rumors picked up in caverns beneath forgotten sea-bottoms.

59.5

Dann kamen die schwarzen Geister der Erde aus der Erde, modrig und schattenhaft und voller düsterer Gerüchte, die sie in Höhlen unter vergessenen Meeresböden aufgeschnappt hatten.

But of them old Castro dared not speak much.

59.6

Aber der alte Castro wagte nicht viel zu sagen.

He cut himself off hurriedly,

59.7

Er winkte schnell ab,

and no amount of persuasion or subtlety could elicit more in this direction.

59.8

und kein noch so gutes Zureden und kein noch so subtiles Vorgehen konnte ihm mehr in dieser Richtung entlocken.

59.9 The size of the Old Ones, too, he curiously declined to mention.

Auch die Größe der Alten wollte er seltsamerweise nicht erwähnen.

59.10 Of the cult, he said that he thought the center lay amid the pathless deserts of Arabia, where Irem, the City of Pillars, dreams hidden and untouched.

Über den Kult sagte er, er glaube, das Zentrum liege in den weglosen Wüsten Arabiens, wo Irem, die Stadt der Säulen, verborgen und unberührt träume.

59.11 It was not allied to the European witch-cult, and was virtually unknown beyond its members.

Er war nicht mit dem europäischen Hexenkult verbündet und über seine Mitglieder hinaus praktisch unbekannt.

59.12 No book had ever really hinted of it, though the deathless Chinamen said that there were double meanings in the Necronomicon of the mad Arab Abdul Alhazred which the initiated might read as they chose, especially the much-discussed couplet:

Kein Buch hatte jemals wirklich darauf hingewiesen, obwohl die todlosen Chinesen sagten, dass es im Necronomicon des verrückten Arabers Abdul Alhazred doppelte Bedeutungen gab, die die Eingeweihten nach Belieben lesen konnten, insbesondere das viel diskutierte Couplet:

60.1 "That is not dead which can eternal lie,

"Das ist nicht tot, was ewig lügen kann,

61.1 And with strange eons even death may die."

Und mit seltsamen Äonen kann sogar der Tod sterben."

Legrasse, deeply impressed and not a little bewildered, had inquired in vain concerning the historic affiliations of the cult.

62.1

Legrasse, tief beeindruckt und nicht wenig verwirrt, hatte sich vergeblich nach der historischen Zugehörigkeit der Sekte erkundigt.

Castro, apparently, had told the truth when he said that it was wholly secret.

62.2

Castro hatte offenbar die Wahrheit gesagt, als er sagte, dass die Sekte völlig geheim sei.

The authorities at Tulane University could shed no light upon either cult or image,

62.3

Die Behörden der Tulane University konnten weder über den Kult noch über das Bild etwas herausfinden,

and now the detective had come to the highest authorities in the country and met with no more than the Greenland tale of Professor Webb.

62.4

und nun hatte sich der Detektiv an die höchsten Behörden des Landes gewandt und war nur auf die Grönland-Geschichte von Professor Webb gestoßen.

64.1 The feverish interest aroused at the meeting by Legrasse's tale, corroborated as it was by the statuette, is echoed in the subsequent correspondence of those who attended, although scant mention occurs in the formal publication of the society.

Das fieberhafte Interesse, das Legrasses Erzählung, die durch die Statuette bestätigt wurde, bei der Versammlung hervorrief, spiegelt sich in der anschließenden Korrespondenz der Teilnehmer wider, auch wenn sie in den offiziellen Veröffentlichungen der Gesellschaft kaum Erwähnung findet.

64.2 Caution is the first care of those accustomed to face occasional charlatanry and imposture.

Vorsicht ist das oberste Gebot derjenigen, die es gewohnt sind, gelegentlicher Scharlatanerie und Hochstapelei zu begegnen.

64.3 Legrasse for some time lent the image to Professor Webb, but at the latter's death it was returned to him and remains in his possession, where I viewed it not long ago.

Legrasse hat das Bild eine Zeit lang an Professor Webb ausgeliehen, aber nach dessen Tod wurde es ihm zurückgegeben und befindet sich weiterhin in seinem Besitz, wo ich es vor kurzem gesehen habe.

64.4 It is truly a terrible thing, and unmistakably akin to the dream-sculpture of young Wilcox.

Es ist wirklich eine schreckliche Sache und hat unverkennbar Ähnlichkeit mit der Traumskulptur des jungen Wilcox.

That my uncle was excited by the tale of the sculptor    65.1
I did not wonder, for what thoughts must arise upon
hearing, after a knowledge of what Legrasse had
learned of the cult, of a sensitive young man who had
dreamed not only the figure and exact hieroglyphics
of the swamp-found image and the Greenland devil
tablet, but had come in his dreams upon at least three
of the precise words of the formula uttered alike by
Eskimo diabolists and mongrel Louisianans?

Dass mein Onkel von der Geschichte des Bildhauers
erregt war, wunderte mich nicht, denn welche Gedanken
müssen aufkommen, wenn man nach Kenntnis dessen,
was Legrasse über den Kult erfahren hatte, von einem
sensiblen jungen Mann hört, der nicht nur die Gestalt
und die genauen Hieroglyphen des im Sumpf gefundenen
Bildes und der grönländischen Teufelstafel geträumt
hatte, sondern in seinen Träumen auf mindestens drei der
genauen Worte der Formel gestoßen war, die sowohl von
Eskimo-Diabolisten als auch von Louisianer-Mischlingen
ausgesprochen wurden?

Professor Angell's instant start on an investigation    65.2
of the utmost thoroughness was eminently natural;
though privately I suspected young Wilcox of having
heard of the cult in some indirect way, and of having
invented a series of dreams to heighten and continue
the mystery at my uncle's expense.

Es war ganz natürlich, dass Professor Angell sofort eine
gründliche Untersuchung einleitete, obwohl ich insgeheim
vermutete, dass der junge Wilcox auf indirekte Weise
von dem Kult gehört hatte und eine Reihe von Träumen
erfunden hatte, um das Geheimnis auf Kosten meines
Onkels zu vertiefen und fortzusetzen.

The dream-narratives and cuttings collected by the    65.3
professor were, of course, strong corroboration;

Die vom Professor gesammelten Traumerzählungen und
Ausschnitte waren natürlich eine starke Bestätigung;

65.4 but the rationalism of my mind and the extravagance of the whole subject led me to adopt what I thought the most sensible conclusions.

aber der Rationalismus meines Verstandes und die Extravaganz des ganzen Themas veranlassten mich, die meiner Meinung nach vernünftigsten Schlussfolgerungen zu ziehen.

65.5 So, after thoroughly studying the manuscript again and correlating the theosophical and anthropological notes with the cult narrative of Legrasse, I made a trip to Providence to see the sculptor and give him the rebuke I thought proper for so boldly imposing upon a learned and aged man.

Nachdem ich also das Manuskript noch einmal gründlich studiert und die theosophischen und anthropologischen Notizen mit den Kultberichten von Legrasse in Beziehung gesetzt hatte, machte ich eine Reise nach Providence, um den Bildhauer aufzusuchen und ihm die Rüge zu erteilen, die ich für angemessen hielt, weil er sich einem gelehrten und betagten Mann so dreist aufgedrängt hatte.

66.1 Wilcox still lived alone in the Fleur-de-Lys Building in Thomas Street, a hideous Victorian imitation of Seventeenth Century Breton architecture which flaunts its stuccoed front amidst the lovely Colonial houses on the ancient hill, and under the very shadow of the finest Georgian steeple in America.

Wilcox lebte immer noch allein in dem Fleur-de-Lys-Gebäude in der Thomas Street, einer scheußlichen viktorianischen Nachahmung bretonischer Architektur aus dem 17. Jahrhundert, die mit ihrer Stuckfassade inmitten der schönen Kolonialhäuser auf dem alten Hügel und im Schatten des schönsten georgianischen Kirchturms in Amerika prangt.

I found him at work in his rooms, 66.2
Ich habe ihn in seinen Räumen bei der Arbeit angetroffen
und konnte anhand der dort verstreuten Exemplare sofort
feststellen,

and at once conceded from the specimens scattered 66.3
about that his genius is indeed profound and
authentic.
dass sein Genie tatsächlich tiefgründig und authentisch ist.

He will, I believe, be heard from sometime as one of 66.4
the great decadents;
Ich glaube, man wird irgendwann von ihm als einem der
großen Dekadenten hören;

for he has crystallized in clay and will one day mirror 66.5
in marble those nightmares and fantasies which
Arthur Machen evokes in prose,
denn er hat jene Alpträume und Phantasien in Ton
kristallisiert und wird sie eines Tages in Marmor
widerspiegeln,

and Clark Ashton Smith makes visible in verse and in 66.6
painting.
die Arthur Machen in Prosa heraufbeschwört und Clark
Ashton Smith in Versen und Gemälden sichtbar macht.

Dark, frail, and somewhat unkempt in aspect, he 67.1
turned languidly at my knock and asked me my
business without rising.
Dunkel, gebrechlich und etwas ungepflegt, drehte er sich
auf mein Klopfen hin träge um und fragte mich nach
meinem Anliegen, ohne aufzustehen.

67.2 When I told him who I was, he displayed some interest; for my uncle had excited his curiosity in probing his strange dreams, yet had never explained the reason for the study.

Als ich ihm sagte, wer ich war, zeigte er ein gewisses Interesse, denn mein Onkel hatte seine Neugier durch die Erforschung seiner seltsamen Träume geweckt, ohne jedoch den Grund für diese Untersuchung zu erklären.

67.3 I did not enlarge his knowledge in this regard, but sought with some subtlety to draw him out.

Ich erweiterte sein Wissen in dieser Hinsicht nicht, sondern versuchte, ihn mit einer gewissen Raffinesse zum Nachdenken zu bringen.

68.1 In a short time I became convinced of his absolute sincerity, for he spoke of the dreams in a manner none could mistake.

In kurzer Zeit war ich von seiner absoluten Aufrichtigkeit überzeugt, denn er sprach von den Träumen in einer Weise, die niemand missverstehen konnte.

68.2 They and their subconscious residuum had influenced his art profoundly, and he showed me a morbid statue whose contours almost made me shake with the potency of its black suggestion.

Sie und ihre unterbewussten Reste hatten seine Kunst zutiefst beeinflusst, und er zeigte mir eine morbide Statue, deren Umrisse mich vor der Kraft ihrer schwarzen Suggestion fast erzittern ließen.

He could not recall having seen the original of this thing except in his own dream bas-relief, but the outlines had formed themselves insensibly under his hands.

68.3

Er konnte sich nicht erinnern, das Original dieses Dings gesehen zu haben, außer in seinem eigenen Traumrelief, aber die Umrisse hatten sich unmerklich unter seinen Händen geformt.

It was, no doubt, the giant shape he had raved of in delirium.

68.4

Es war zweifellos die riesige Gestalt, von der er im Delirium geschwärmt hatte.

That he really knew nothing of the hidden cult, save from what my uncle's relentless catechism had let fall, he soon made clear;

68.5

Dass er wirklich nichts von dem verborgenen Kult wusste, außer dem, was der unerbittliche Katechismus meines Onkels hatte fallen lassen, stellte er bald klar;

and again I strove to think of some way in which he could possibly have received the weird impressions.

68.6

und wieder bemühte ich mich, an irgendeinen Weg zu denken, auf dem er die seltsamen Eindrücke empfangen haben könnte.

He talked of his dreams in a strangely poetic fashion;

69.1

Er erzählte von seinen Träumen in einer seltsam poetischen Weise;

making me see with terrible vividness the damp Cyclopean city of slimy green stone -

69.2

er ließ mich mit schrecklicher Klarheit die feuchte zyklopische Stadt aus schleimigem grünem Stein sehen -

69.3 **whose geometry, he oddly said, was all wrong -**
deren Geometrie, wie er seltsamerweise sagte, völlig falsch
war -

69.4 **and hear with frightened expectancy the ceaseless,**
und mit ängstlicher Erwartung den unaufhörlichen,

69.5 **half-mental calling from underground:**
halb geistigen Ruf aus dem Untergrund hören:

69.6 **"Cthulhu fhtagn,"**
"Cthulhu fhtagn,"

69.7 **"Cthulhu fhtagn."**
"Cthulhu fhtagn."

70.1 **These words had formed part of that dread ritual
which told of dead Cthulhu's dream-vigil in his stone
vault at R'lyeh, and I felt deeply moved despite my
rational beliefs.**
Diese Worte waren Teil jenes schrecklichen Rituals
gewesen, das von der Traumwache des toten Cthulhu in
seiner steinernen Gruft in R'lyeh erzählte, und ich fühlte
mich trotz meiner rationalen Überzeugungen tief bewegt.

70.2 **Wilcox, I was sure, had heard of the cult in some
casual way, and had soon forgotten it amidst the
mass of his equally weird reading and imagining.**
Wilcox, da war ich mir sicher, hatte auf irgendeine
beiläufige Weise von dem Kult gehört und ihn in der Masse
seiner ebenso seltsamen Lektüre und Phantasie bald wieder
vergessen.

Later, by virtue of its sheer impressiveness, it had found subconscious expression in dreams, in the bas-relief, and in the terrible statue I now beheld; so that his imposture upon my uncle had been a very innocent one.

70.3

Später hatte er aufgrund seiner schieren Beeindruckungskraft unbewussten Ausdruck in Träumen, im Flachrelief und in der schrecklichen Statue gefunden, die ich nun erblickte, so dass sein Betrug an meinem Onkel ein sehr unschuldiger gewesen war.

The youth was of a type, at once slightly affected and slightly ill-mannered, which I could never like;

70.4

Der Jüngling war von einem Typus, leicht affektiert und leicht ungehobelt, der mir nie gefallen konnte;

but I was willing enough now to admit both his genius and his honesty.

70.5

aber ich war jetzt bereit genug, sowohl sein Genie als auch seine Ehrlichkeit anzuerkennen.

I took leave of him amicably,

70.6

Ich verabschiedete mich freundschaftlich von ihm und wünschte ihm allen Erfolg,

and wish him all the success his talent promises.

70.7

den sein Talent verspricht.

The matter of the cult still remained to fascinate me,

71.1

Die Sache mit der Sekte faszinierte mich immer noch,

and at times I had visions of personal fame from researches into its origin and connections.

71.2

und manchmal hatte ich Visionen von persönlichem Ruhm aufgrund von Nachforschungen über ihren Ursprung und ihre Verbindungen.

71.3 I visited New Orleans, talked with Legrasse and others of that old-time raiding-party, saw the frightful image, and even questioned such of the mongrel prisoners as still survived.

Ich besuchte New Orleans, unterhielt mich mit Legrasse und anderen Mitgliedern des alten Überfallkommandos, sah das schreckliche Bild und befragte sogar die noch lebenden Gefangenen der Mischlinge.

71.4 Old Castro, unfortunately, had been dead for some years.

Der alte Castro war leider schon seit einigen Jahren tot.

71.5 What I now heard so graphically at first hand, though it was really no more than a detailed confirmation of what my uncle had written, excited me afresh;

Was ich nun so anschaulich aus erster Hand hörte, obwohl es eigentlich nur eine ausführliche Bestätigung dessen war, was mein Onkel geschrieben hatte, erregte mich aufs Neue;

71.6 for I felt sure that I was on the track of a very real, very secret, and very ancient religion whose discovery would make me an anthropologist of note.

denn ich fühlte mich sicher, dass ich einer sehr realen, sehr geheimen und sehr alten Religion auf der Spur war, deren Entdeckung mich zu einem Anthropologen von Rang machen würde.

71.7 My attitude was still one of absolute materialism, as I wish it still were, and I discounted with almost inexplicable perversity the coincidence of the dream notes and odd cuttings collected by Professor Angell.

Meine Haltung war immer noch absolut materialistisch, und ich wünschte, sie wäre es noch, und ich lehnte mit fast unerklärlicher Perversität die Zufälligkeit der von Professor Angell gesammelten Traumaufzeichnungen und seltsamen Ausschnitte ab.

One thing which I began to suspect, and which I now fear I know, is that my uncle's death was far from natural.

72.1

Eine Sache, die ich zu ahnen begann und von der ich jetzt fürchte, dass ich sie weiß, ist, dass der Tod meines Onkels alles andere als natürlich war.

He fell on a narrow hill street leading up from an ancient waterfront swarming with foreign mongrels, after a careless push from a negro sailor.

72.2

Er stürzte auf einer schmalen Hügelstraße, die von einem alten Hafenviertel hinaufführte, in dem es von ausländischen Mischlingen wimmelte, nach einem unvorsichtigen Stoß von einem Neger-Matrosen.

I did not forget the mixed blood and marine pursuits of the cult-members in Louisiana, and would not be surprized to learn of secret methods and poison needles as ruthless and as anciently known as the cryptic rites and beliefs.

72.3

Ich habe das gemischte Blut und die maritimen Aktivitäten der Sektenmitglieder in Louisiana nicht vergessen und wäre nicht überrascht, wenn ich von geheimen Methoden und Giftnadeln erfahren würde, die ebenso skrupellos und altbekannt sind wie die kryptischen Riten und der Glaube.

Legrasse and his men, it is true, have been let alone; but in Norway a certain seaman who saw things is dead.

72.4

Legrasse und seine Männer sind zwar in Ruhe gelassen worden, aber in Norwegen ist ein gewisser Seemann, der die Dinge gesehen hat, tot.

72.5 Might not the deeper inquiries of my uncle after encountering the sculptor's data have come to sinister ears?

Könnten die tieferen Nachforschungen meines Onkels, nachdem er auf die Daten des Bildhauers gestoßen war, nicht auf unheimliche Ohren gestoßen sein?

72.6 I think Professor Angell died because he knew too much, or because he was likely to learn too much.

Ich denke, Professor Angell starb, weil er zu viel wusste oder weil er wahrscheinlich zu viel lernen würde.

72.7 Whether I shall go as he did remains to be seen, for I have learned much now.

Ob ich es ihm gleichtun werde, bleibt abzuwarten, denn ich habe jetzt viel gelernt.

---

74.1 **3. The Madness from the Sea.**

3. Der Wahnsinn aus dem Meer.

75.1 If heaven ever wishes to grant me a boon, it will be a total effacing of the results of a mere chance which fixed my eye on a certain stray piece of shelf-paper.

Wenn der Himmel mir jemals eine Wohltat zukommen lassen will, so wird es die völlige Auslöschung der Folgen eines bloßen Zufalls sein, der meinen Blick auf ein bestimmtes Stück Regalpapier gelenkt hat.

It was nothing on which I would naturally have    75.2
stumbled in the course of my daily round, for it was
an old number of an Australian journal, Sydney
Bulletin for April 18, 1925.

Es handelte sich um eine alte Nummer einer australischen
Zeitschrift, des Sydney Bulletin vom 18. April 1925, über
die ich bei meinem täglichen Rundgang natürlich nicht
gestolpert wäre.

It had escaped even the cutting bureau which had    75.3
at the time of its issuance been avidly collecting
material for my uncle's research.

Sie war sogar dem Schneidebüro entgangen, das
zum Zeitpunkt ihrer Ausgabe eifrig Material für die
Forschungen meines Onkels gesammelt hatte.

I had largely given over my inquiries into what    76.1
Professor Angell called the

Ich hatte meine Nachforschungen über das, was Professor
Angell den

"Cthulhu Cult,"    76.2

"Cthulhu- Kult"

and was visiting a learned friend of Paterson,    76.3
New Jersey, the curator of a local museum and a
mineralogist of note.

nannte, weitgehend aufgegeben und besuchte einen
gelehrten Freund aus Paterson, New Jersey, der Kurator
eines örtlichen Museums und ein bekannter Mineraloge
war.

76.4 **Examining one day the reserve specimens roughly set on the storage shelves in a rear room of the museum, my eye was caught by an odd picture in one of the old papers spread beneath the stones.**

Als ich eines Tages die Reservestücke untersuchte, die grob auf den Regalen in einem hinteren Raum des Museums angeordnet waren, fiel mir ein seltsames Bild in einer der alten Zeitungen auf, die unter den Steinen ausgebreitet waren.

76.5 **It was the Sydney Bulletin I have mentioned,**

Es handelte sich um das bereits erwähnte Sydney Bulletin,

76.6 **for my friend has wide affiliations in all conceivable foreign parts;**

denn mein Freund hat weitreichende Verbindungen in alle denkbaren ausländischen Teile;

76.7 **and the picture was a half-tone cut of a hideous stone image almost identical with that which Legrasse had found in the swamp.**

und das Bild war ein Halbtonschnitt eines abscheulichen Steinbildes, das fast identisch mit dem war, das Legrasse im Sumpf gefunden hatte.

77.1 **Eagerly clearing the sheet of its precious contents, I scanned the item in detail; and was disappointed to find it of only moderate length.**

Eifrig säuberte ich das Blatt von seinem wertvollen Inhalt und überprüfte es eingehend, wobei ich enttäuscht feststellte, dass es nur von mäßiger Länge war.

What it suggested, however, was of portentous significance to my flagging quest; and I carefully tore it out for immediate action. 77.2

Was er jedoch andeutete, war für meine erlahmende Suche von unheilvoller Bedeutung, und ich riss ihn sorgfältig heraus, um sofort handeln zu können.

It read as follows: 77.3

Er lautete wie folgt:

MYSTERY DERELICT FOUND AT SEA 78.1

MYSTERIÖSES WRACK IM MEER GEFUNDEN

Vigilant Arrives With Helpless Armed New Zealand Yacht in Tow. 79.1

Vigilant trifft mit hilfloser bewaffneter neuseeländischer Yacht im Schlepptau ein.

One Survivor and Dead Man Found Aboard. 79.2

Ein Überlebender und ein Toter werden an Bord gefunden.

Tale of Desperate Battle and Deaths at Sea. 79.3

Geschichte eines verzweifelten Kampfes und Todesfälle auf See.

Rescued Seaman Refuses Particulars of Strange Experience. 79.4

Geretteter Seemann weigert sich, Einzelheiten seines seltsamen Erlebnisses mitzuteilen.

Odd Idol Found in His Possession. 79.5

Seltsames Idol in seinem Besitz gefunden.

Inquiry to Follow. 79.6

Untersuchung wird folgen.

---

81.1 The Morrison Co.' s freighter Vigilant, bound from Valparaiso, arrived this morning at its wharf in Darling Harbour, having in tow the battled and disabled but heavily armed steam yacht Alert of Dunedin, N. Z., which was sighted April 12th in S. Latitude 34° 21', W. Longitude 152° 17', with one living and one dead man aboard.

Der von Valparaiso kommende Frachter Vigilant der Morrison Co. kam heute Morgen an seinem Kai in Darling Harbour an und hatte die angeschlagene und kampfunfähige, aber schwer bewaffnete Dampferyacht Alert aus Dunedin, Neuseeland, im Schlepptau, die am 12. April in südlicher Breite 34° 21', westlicher Länge 152° 17' mit einem lebenden und einem toten Mann an Bord gesichtet wurde.

82.1 The Vigilant left Valparaiso March 25th, and on April 2d was driven considerably south of her course by exceptionally heavy storms and monster waves.

Die Vigilant verließ Valparaiso am 25. März und wurde am 2. April durch außergewöhnlich schwere Stürme und Monsterwellen erheblich nach Süden von ihrem Kurs abgebracht.

82.2 On April 12th the derelict was sighted;

Am 12. April wurde das Wrack gesichtet;

and though apparently deserted, was found upon 82.3
boarding to contain one survivor in a half-delirious
condition and one man who had evidently been dead
for more than a week.

Obwohl es scheinbar verlassen war, fand man beim
Anbordgehen einen Überlebenden, der halb im Delirium
lag, und einen Mann, der offensichtlich seit mehr als einer
Woche tot war.

The living man was clutching a horrible stone idol of 83.1
unknown origin, about a foot in height, regarding
whose nature authorities at Sydney University, the
Royal Society, and the Museum in College Street all
profess complete bafflement, and which the survivor
says he found in the cabin of the yacht, in a small
carved shrine of common pattern.

Der lebende Mann umklammerte ein schreckliches
steinernes Götzenbild unbekannter Herkunft, etwa einen
Fuß hoch, über dessen Beschaffenheit die Behörden der
Universität Sydney, der Königlichen Gesellschaft und des
Museums in der College Street völlig ratlos sind, und das
der Überlebende nach eigenen Angaben in der Kabine
der Jacht in einem kleinen geschnitzten Schrein mit
gewöhnlichem Muster gefunden hat.

This man, after recovering his senses, told an 84.1
exceedingly strange story of piracy and slaughter.

Dieser Mann erzählte, nachdem er wieder zu sich
gekommen war, eine äußerst seltsame Geschichte von
Piraterie und Gemetzel.

84.2 He is Gustaf Johansen, a Norwegian of some intelligence, and had been second mate of the two-masted schooner Emma of Auckland, which sailed for Callao February 20th, with a complement of eleven men.

Es handelt sich um Gustaf Johansen, einen Norweger von einiger Intelligenz, der zweiter Maat des Zweimastschoners Emma of Auckland war, der am 20. Februar mit einer Besatzung von elf Mann nach Callao segelte.

85.1 The Emma, he says, was delayed and thrown widely south of her course by the great storm of March 1st, and on March 22d, in S. Latitude 49° 51′, W. Longitude 128° 34′, encountered the Alert, manned by a queer and evil-looking crew of Kanakas and half-castes.

Die Emma, so sagt er, wurde durch den großen Sturm vom 1. März aufgehalten und weit südlich von ihrem Kurs abgetrieben, und am 22. März stieß sie in südlicher Breite 49° 51' und westlicher Länge 128° 34' auf die Alert, die mit einer seltsamen und bösartig aussehenden Besatzung von Kanakas und Halbkastraten besetzt war.

85.2 Being ordered peremptorily to turn back, Capt. Collins refused; whereupon the strange crew began to fire savagely and without warning upon the schooner with a peculiarly heavy battery of brass cannon forming part of the yacht's equipment.

Als Kapitän Collins mit Nachdruck aufgefordert wurde, umzukehren, weigerte er sich, woraufhin die seltsame Besatzung begann, den Schoner wild und ohne Vorwarnung mit einer besonders schweren Batterie von Messingkanonen zu beschießen, die zur Ausrüstung des Schiffes gehörten.

The Emma's men showed fight, says the survivor, and though the schooner began to sink from shots beneath the waterline they managed to heave alongside their enemy and board her, grappling with the savage crew on the yacht's deck, and being forced to kill them all, the number being slightly superior, because of their particularly abhorrent and desperate though rather clumsy mode of fighting.

86.1

Die Männer der Emma zeigten Kampfgeist, so der Überlebende, und obwohl der Schoner durch Schüsse unterhalb der Wasserlinie zu sinken begann, gelang es ihnen, längsseits zu gehen und das Schiff zu entern, wobei sie sich mit der wilden Besatzung auf dem Deck der Yacht anlegten und gezwungen waren, sie alle zu töten, wobei sie zahlenmäßig leicht in der Überzahl waren, wegen ihrer besonders abscheulichen und verzweifelten, wenn auch ziemlich ungeschickten Kampfweise.

Three of the Emma's men, including Capt. Collins and First Mate Green, were killed;

87.1

Drei der Männer der Emma, darunter Kapitän Collins und der Erste Offizier Green, wurden getötet;

and the remaining eight under Second Mate Johansen proceeded to navigate the captured yacht, going ahead in their original direction to see if any reason for their ordering back had existed.

87.2

die übrigen acht Männer unter dem Zweiten Offizier Johansen fuhren weiter, um die gekaperte Jacht zu steuern, wobei sie in ihrer ursprünglichen Richtung weiterfuhren, um zu sehen, ob es einen Grund für ihre Zurückbeorderung gegeben hatte.

88.1 The next day, it appears, they raised and landed on a small island, although none is known to exist in that part of the ocean;

Am nächsten Tag, so scheint es, stiegen sie auf und landeten auf einer kleinen Insel, obwohl in diesem Teil des Ozeans keine Insel bekannt ist;

88.2 and six of the men somehow died ashore,

und sechs der Männer starben irgendwie an Land,

88.3 though Johansen is queerly reticent about this part of his story and speaks only of their falling into a rock chasm.

obwohl Johansen über diesen Teil seiner Geschichte seltsam zurückhaltend ist und nur von ihrem Sturz in eine Felsenkluft spricht.

89.1 Later, it seems, he and one companion boarded the yacht and tried to manage her, but were beaten about by the storm of April 2nd.

Später, so scheint es, gingen er und ein Begleiter an Bord und versuchten, das Schiff zu steuern, wurden aber vom Sturm des 2. April zurückgeschlagen.

90.1 From that time till his rescue on the 12th, the man remembers little, and he does not even recall when William Briden, his companion, died.

Von diesem Zeitpunkt an bis zu seiner Rettung am 12. Dezember erinnert sich der Mann an wenig, und er weiß nicht einmal mehr, wann William Briden, sein Begleiter, starb.

90.2 Briden's death reveals no apparent cause,

Briden starb ohne erkennbare Ursache,

and was probably due to excitement or exposure. 90.3

wahrscheinlich aufgrund von Aufregung oder
Überanstrengung.

Cable advices from Dunedin report that the Alert was 91.1
well known there as an island trader,

Kabelmeldungen aus Dunedin berichten,

and bore an evil reputation along the waterfront. 91.2

dass die "Alert" dort als Inselhändler bekannt war und am
Ufer einen schlechten Ruf genoss.

It was owned by a curious group of half-castes whose 91.3
frequent meetings and night trips to the woods
attracted no little curiosity;

Es gehörte einer merkwürdigen Gruppe von Halbkastraten,
deren häufige Treffen und nächtliche Ausflüge in die
Wälder nicht wenig Neugierde erregten;

and it had set sail in great haste just after the storm 91.4
and earth tremors of March 1st.

und es war kurz nach dem Sturm und den Erdstößen vom 1.
März in großer Eile in See gestochen.

Our Auckland correspondent gives the Emma and her 92.1
crew an excellent reputation,

Unser Korrespondent in Auckland bescheinigt der Emma
und ihrer Besatzung einen ausgezeichneten Ruf,

and Johansen is described as a sober and worthy 92.2
man.

und Johansen wird als nüchterner und würdiger Mann
beschrieben.

93.1 The admiralty will institute an inquiry on the whole matter beginning tomorrow, at which every effort will be made to induce Johansen to speak more freely than he has done hitherto.

Die Admiralität wird ab morgen eine Untersuchung der gesamten Angelegenheit einleiten, bei der alle Anstrengungen unternommen werden, um Johansen zu einer freieren Aussage zu bewegen, als er es bisher getan hat.

———————

95.1 This was all, together with the picture of the hellish image;

Das war alles, zusammen mit dem Bild der Höllengestalt;

95.2 but what a train of ideas it started in my mind!

aber was für ein Gedankengang wurde dadurch in meinem Kopf ausgelöst!

95.3 Here were new treasuries of data on the Cthulhu Cult,

Hier waren neue Datenschätze über den Cthulhu-Kult und Beweise dafür,

95.4 and evidence that it had strange interests at sea as well as on land.

dass er sowohl auf See als auch an Land seltsame Interessen hatte.

95.5 What motive prompted the hybrid crew to order back the Emma as they sailed about with their hideous idol?

Welches Motiv veranlasste die hybride Besatzung, die Emma zurückzubeordern, während sie mit ihrem abscheulichen Idol herumsegelte?

What was the unknown island on which six of the Emma's crew had died, 95.6

Was war das für eine unbekannte Insel,

and about which the mate Johansen was so secretive? 95.7

auf der sechs Besatzungsmitglieder der Emma starben und über die der Maat Johansen so geheimnisvoll war?

What had the vice-admiralty's investigation brought out, 95.8

Was hatte die Untersuchung der Vizeadmiralität ergeben,

and what was known of the noxious cult in Dunedin? 95.9

und was wusste man über den schädlichen Kult in Dunedin?

And most marvelous of all, what deep and more than natural linkage of dates was this which gave a malign and now undeniable significance to the various turns of events so carefully noted by my uncle? 95.10

Und, was am erstaunlichsten ist, welche tiefe und mehr als natürliche Verbindung von Daten gab es, die den verschiedenen Ereignissen, die mein Onkel so sorgfältig notiert hatte, eine bösartige und jetzt unbestreitbare Bedeutung gab?

March 1st - 96.1

Am 1. März -

our February 28th according to the International Date Line - 96.2

unserem 28. Februar nach der internationalen Datumsgrenze -

the earthquake and storm had come. 96.3

waren Erdbeben und Sturm gekommen.

96.4 From Dunedin the Alert and her noisome crew had darted eagerly forth as if imperiously summoned, and on the other side of the earth poets and artists had begun to dream of a strange, dank Cyclopean city whilst a young sculptor had molded in his sleep the form of the dreaded Cthulhu.

Von Dunedin aus waren die Alert und ihre lärmende Besatzung wie auf Kommando losgezogen, und auf der anderen Seite der Erde hatten Dichter und Künstler begonnen, von einer seltsamen, feuchten zyklopischen Stadt zu träumen, während ein junger Bildhauer im Schlaf die Gestalt des gefürchteten Cthulhu geformt hatte.

96.5 March 23rd the crew of the Emma landed on an unknown island and left six men dead;

Am 23. März landete die Besatzung der Emma auf einer unbekannten Insel und hinterließ sechs Tote;

96.6 and on that date the dreams of sensitive men assumed a heightened vividness and darkened with dread of a giant monster's malign pursuit,

und an diesem Tag wurden die Träume empfindsamer Menschen lebhafter und verdunkelten sich mit der Angst vor der bösartigen Verfolgung durch ein riesiges Ungeheuer,

96.7 whilst an architect had gone mad and a sculptor had lapsed suddenly into delirium!

während ein Architekt verrückt wurde und ein Bildhauer plötzlich ins Delirium verfiel!

96.8 And what of this storm of April 2nd -

Und was ist mit diesem Sturm vom 2. April -

96.9 the date on which all dreams of the dank city ceased,

dem Tag,

and Wilcox emerged unharmed from the bondage of 96.10
strange fever?
an dem alle Träume von der feuchten Stadt aufhörten und
Wilcox unversehrt aus den Fesseln des seltsamen Fiebers
auftauchte?

What of all this - 96.11
Was ist mit all dem -

and of those hints of old Castro about the sunken, 96.12
star-born Old Ones and their coming reign; their
faithful cult and their mastery of dreams?
und mit den Andeutungen des alten Castro über die
versunkenen, sterngeborenen Alten und ihre kommende
Herrschaft, ihren treuen Kult und ihre Herrschaft über die
Träume?

Was I tottering on the brink of cosmic horrors 96.13
beyond man's power to bear?
Schwankte ich am Rande kosmischer Schrecken, die der
Mensch nicht ertragen konnte?

If so, they must be horrors of the mind alone, for 96.14
in some way the second of April had put a stop to
whatever monstrous menace had begun its siege of
mankind's soul.
Wenn ja, dann waren es nur Schrecken des Geistes,
denn irgendwie hatte der zweite April der monströsen
Bedrohung Einhalt geboten, die die Seele der Menschheit
zu belagern begonnen hatte.

98.1 **That evening, after a day of hurried cabling and arranging, I bade my host adieu and took a train for San Francisco.**

An diesem Abend verabschiedete ich mich nach einem Tag eiliger Verkabelung und Vorbereitungen von meinem Gastgeber und nahm den Zug nach San Francisco.

98.2 **In less than a month I was in Dunedin; where, however, I found that little was known of the strange cult-members who had lingered in the old sea taverns.**

In weniger als einem Monat war ich in Dunedin, wo ich jedoch feststellte, dass nur wenig über die seltsamen Sektenmitglieder bekannt war, die sich in den alten Seekneipen aufgehalten hatten.

98.3 **Waterfront scum was far too common for special mention;**

Der Abschaum vom Meer war viel zu gewöhnlich, um besonders erwähnt zu werden;

98.4 **though there was vague talk about one inland trip these mongrels had made, during which faint drumming and red flame were noted on the distant hills.**

allerdings gab es vage Gerüchte über eine Reise ins Landesinnere, die diese Mischlinge unternommen hatten, während derer ein schwaches Trommeln und eine rote Flamme auf den entfernten Hügeln zu hören waren.

In Auckland I learned that Johansen had returned
with yellow hair turned white after a perfunctory
and inconclusive questioning at Sydney, and had
thereafter sold his cottage in West Street and sailed
with his wife to his old home in Oslo. 99.1

In Auckland erfuhr ich, dass Johansen nach einer
oberflächlichen und ergebnislosen Befragung in Sydney
mit gelbem, weiß gewordenem Haar zurückgekehrt war
und daraufhin sein Haus in der West Street verkauft hatte
und mit seiner Frau in seine alte Heimat Oslo gesegelt war.

Of his stirring experience he would tell his friends no
more than he had told the admiralty officials, and all
they could do was to give me his Oslo address. 99.2

Über sein aufrüttelndes Erlebnis wollte er seinen Freunden
nicht mehr erzählen, als er den Beamten der Admiralität
erzählt hatte, und alles, was sie tun konnten, war, mir
seine Adresse in Oslo zu geben.

After that I went to Sydney and talked profitlessly
with seamen and members of the vice-admiralty
court. 100.1

Danach fuhr ich nach Sydney und unterhielt mich nutzlos
mit Seeleuten und Mitgliedern des stellvertretenden
Admiralitätsgerichts.

I saw the Alert, now sold and in commercial use, at
Circular Quay in Sydney Cove, but gained nothing
from its non-committal bulk. 100.2

Am Circular Quay in der Bucht von Sydney sah ich den
Alert, der jetzt verkauft und kommerziell genutzt wird,
aber ich konnte seiner unverbindlichen Masse nichts
abgewinnen.

100.3　The crouching image with its cuttlefish head, dragon body, scaly wings, and hieroglyphed pedestal, was preserved in the Museum at Hyde Park;

Das kauernde Bild mit seinem Tintenfischkopf, dem Drachenkörper, den schuppigen Flügeln und dem hieroglyphenförmigen Sockel wurde im Museum im Hyde Park aufbewahrt;

100.4　and I studied it long and well, finding it a thing of balefully exquisite workmanship, and with the same utter mystery, terrible antiquity, and unearthly strangeness of material which I had noted in Legrasse's smaller specimen.

ich studierte es lange und gründlich und fand, dass es von unheimlich exquisiter Kunstfertigkeit war und dass es dasselbe Geheimnis, dieselbe schreckliche Altertümlichkeit und dieselbe unheimliche Fremdartigkeit des Materials aufwies, die ich bei Legrasses kleinerem Exemplar festgestellt hatte.

100.5　Geologists, the curator told me, had found it a monstrous puzzle; for they vowed that the world held no rock like it.

Geologen, so erzählte mir der Kustos, hätten es als ein monströses Rätsel empfunden, denn sie schworen, dass es auf der Welt kein Gestein wie dieses gebe.

100.6　Then I thought with a shudder of what old Castro had told Legrasse about the primal Great Ones:

Dann dachte ich mit Schaudern an das, was der alte Castro Legrasse über die Urgötter erzählt hatte:

100.7　"They had come from the stars, and had brought Their images with Them."

"Sie waren von den Sternen gekommen und hatten ihre Bilder mitgebracht."

Shaken with such a mental revolution as I had never
before known, I now resolved to visit Mate Johansen
in Oslo.

101.1

Von einer solchen geistigen Revolution erschüttert, wie ich
sie noch nie erlebt hatte, beschloss ich nun, Mate Johansen
in Oslo zu besuchen.

Sailing for London, I re-embarked at once for the
Norwegian capital; and one autumn day landed at the
trim wharves in the shadow of the Egeberg.

101.2

Ich segelte nach London und ging sofort wieder an Bord,
um in die norwegische Hauptstadt zu fahren, und landete
eines Herbsttages an den schmucken Anlegestellen im
Schatten des Egebergs.

Johansen's address, I discovered, lay in the Old Town
of King Harold Haardrada, which kept alive the name
of Oslo during all the centuries that the greater city
masqueraded as "Christiania."

102.1

Johansens Adresse, so fand ich heraus, lag in der Altstadt
von König Harold Haardrada, die den Namen Oslo während
all der Jahrhunderte, in denen sich die Großstadt als
"Christiania" verkleidete, am Leben hielt."

I made the brief trip by taxicab,

102.2

Ich machte die kurze Fahrt mit dem Taxi und klopfte mit
Herzklopfen an die Tür eines gepflegten,

and knocked with palpitant heart at the door of a
neat and ancient building with plastered front.

102.3

alten Gebäudes mit verputzter Fassade.

102.4 A sad-faced woman in black answered my summons, and I was stung with disappointment when she told me in halting English that Gustaf Johansen was no more.

Eine schwarz gekleidete Frau mit traurigem Gesicht antwortete auf meine Aufforderung, und ich war zutiefst enttäuscht, als sie mir in stockendem Englisch mitteilte, dass Gustaf Johansen nicht mehr lebte.

103.1 He had not long survived his return, said his wife, for the doings at sea in 1925 had broken him.

Er habe seine Rückkehr nicht lange überlebt, sagte seine Frau, denn die Geschehnisse auf See im Jahr 1925 hätten ihn gebrochen.

103.2 He had told her no more than he had told the public,

Er hatte ihr nicht mehr erzählt als der Öffentlichkeit,

103.3 but had left a long manuscript -

aber er hatte ein langes Manuskript hinterlassen -

103.4 of "technical matters" as he said -

"technische Angelegenheiten", wie er sagte -,

103.5 written in English, evidently in order to safeguard her from the peril of casual perusal.

das er in englischer Sprache verfasst hatte, offenbar um sie vor der Gefahr einer zufälligen Durchsicht zu schützen.

103.6 During a walk through a narrow lane near the Gothenburg dock, a bundle of papers falling from an attic window had knocked him down.

Bei einem Spaziergang durch eine schmale Gasse in der Nähe des Göteborger Hafens war er von einem Papierbündel, das aus einem Dachbodenfenster fiel, niedergeschlagen worden.

Two Lascar sailors at once helped him to his feet, but before the ambulance could reach him he was dead. 103.7

Zwei Laskar-Matrosen halfen ihm sofort auf die Beine, aber bevor der Krankenwagen ihn erreichen konnte, war er tot.

Physicians found no adequate cause for the end, and laid it to heart trouble and a weakened constitution. 103.8

Die Ärzte fanden keine hinreichende Ursache für sein Ende und führten es auf Herzprobleme und eine geschwächte Konstitution zurück.

I now felt gnawing at my vitals that dark terror which will never leave me till I, too, am at rest; 104.1

Ich spürte nun, wie mich dieser dunkle Schrecken, der mich nie verlassen wird, bis auch ich zur Ruhe komme, an meinen Eingeweiden nagte;

"accidentally" or otherwise. 104.2

"versehentlich" oder auf andere Weise.

Persuading the widow that my connection with her husband's 104.3

Ich überzeugte die Witwe davon, dass meine Verbindung zu den

"technical matters" 104.4

"technischen Angelegenheiten"

was sufficient to entitle me to his manuscript, I bore the document away and began to read it on the London boat. 104.5

ihres Mannes ausreichte, um mir das Recht auf sein Manuskript zu geben, und nahm das Dokument mit und begann es auf dem Londoner Boot zu lesen.

It was a simple, rambling thing - 105.1

Es war ein einfaches, weitschweifiges Ding -

105.2 **a naive sailor's effort at a post-facto diary -**
der Versuch eines naiven Seemanns, ein postfaktisches
Tagebuch zu führen -

105.3 **and strove to recall day by day that last awful voyage.**
und versuchte, diese letzte schreckliche Reise Tag für Tag
in Erinnerung zu rufen.

105.4 **I can not attempt to transcribe it verbatim in all its
cloudiness and redundance, but I will tell its gist
enough to show why the sound of the water against
the vessel's sides became so unendurable to me that I
stopped my ears with cotton.**
Ich kann nicht versuchen, es wortwörtlich in all seiner
Trübung und Redundanz zu transkribieren, aber ich werde
seinen Kern ausreichend wiedergeben, um zu zeigen,
warum das Geräusch des Wassers an den Schiffswänden
für mich so unerträglich wurde, dass ich mir die Ohren mit
Baumwolle zustopfte.

Johansen, thank God, did not know quite all, even     106.1
though he saw the city and the Thing, but I shall
never sleep calmly again when I think of the horrors
that lurk ceaselessly behind life in time and in space,
and of those unhallowed blasphemies from elder
stars which dream beneath the sea, known and
favored by a nightmare cult ready and eager to loose
them on the world whenever another earthquake
shall heave their monstrous stone city again to the
sun and air.

Johansen hat Gott sei Dank nicht alles gewusst, obwohl
er die Stadt und das Ding gesehen hat, aber ich werde nie
wieder ruhig schlafen, wenn ich an die Schrecken denke,
die unaufhörlich hinter dem Leben in Zeit und Raum
lauern, und an diese unheiligen Blasphemien von den
älteren Sternen, die unter dem Meer träumen, bekannt
und begünstigt von einem Alptraumkult, der bereit und
begierig ist, sie auf die Welt loszulassen, sobald ein weiteres
Erdbeben ihre monströse Steinstadt wieder an die Sonne
und die Luft hebt.

---

Johansen's voyage had begun just as he told it to the     108.1
vice-admiralty.

Johansens Reise hatte genau so begonnen, wie er es der
Vizeadmiralität erzählt hatte.

108.2 The Emma, in ballast, had cleared Auckland on February 20th, and had felt the full force of that earthquake-born tempest which must have heaved up from the sea-bottom the horrors that filled men's dreams.

Die Emma hatte am 20. Februar mit Ballast Auckland verlassen und die volle Wucht jenes erdbebenartigen Sturms zu spüren bekommen, der die Schrecken, die die Träume der Menschen erfüllten, vom Meeresgrund aufgewirbelt haben musste.

108.3 Once more under control, the ship was making good progress when held up by the Alert on March 22nd, and I could feel the mate's regret as he wrote of her bombardment and sinking.

Das Schiff war wieder unter Kontrolle und kam gut voran, als es am 22. März durch den Alarm aufgehalten wurde, und ich konnte das Bedauern des Maats spüren, als er von der Bombardierung und dem Untergang des Schiffes schrieb.

108.4 Of the swarthy cult-fiends on the Alert he speaks with significant horror.

Von den dunkelhäutigen Sektenmitgliedern auf der Alert spricht er mit großem Entsetzen.

108.5 There was some peculiarly abominable quality about them which made their destruction seem almost a duty, and Johansen shows ingenuous wonder at the charge of ruthlessness brought against his party during the proceedings of the court of inquiry.

Sie hatten etwas besonders Abscheuliches an sich, das ihre Vernichtung fast als Pflicht erscheinen ließ, und Johansen zeigt sich verständnisvoll erstaunt über den Vorwurf der Rücksichtslosigkeit, der während des Verfahrens vor dem Untersuchungsausschuss gegen seine Gruppe erhoben wurde.

Then, driven ahead by curiosity in their captured 108.6
yacht under Johansen's command, the men sight
a great stone pillar sticking out of the sea, and in S.
Latitude 47° 9', W. Longitude 126° 43'

Dann, von der Neugierde getrieben, sehen die Männer
in ihrer erbeuteten Yacht unter Johansens Kommando
eine große Steinsäule aus dem Meer ragen und stoßen in
südlicher Breite 47° 9', westlicher Längengrad 126° 43'

come upon a coastline of mingled mud, ooze, and 108.7
weedy Cyclopean masonry which can be nothing
less than the tangible substance of earth's supreme
terror — the nightmare corpse-city of R'lyeh, that
was built in measureless eons behind history by the
vast, loathsome shapes that seeped down from the
dark stars.

stoßen sie auf eine Küstenlinie aus Schlamm, Schlick und
krautigem Zyklopenmauerwerk, die nichts anderes sein
kann als die greifbare Substanz des höchsten Schreckens
der Erde - die albtraumhafte Leichenstadt R'lyeh, die in
unermesslichen Äonen hinter der Geschichte von den
riesigen, abscheulichen Gestalten erbaut wurde, die von
den dunklen Sternen herabgesickert sind.

There lay great Cthulhu and his hordes, hidden in 108.8
green slimy vaults and sending out at last, after cycles
incalculable, the thoughts that spread fear to the
dreams of the sensitive and called imperiously to the
faithful to come on a pilgrimage of liberation and
restoration.

Dort lagen der große Cthulhu und seine Horden, verborgen
in grünen, schleimigen Gewölben und sandten nach
unabsehbaren Zyklen endlich die Gedanken aus, die
die Träume der Empfindsamen in Angst und Schrecken
versetzten und die Gläubigen eindringlich zu einer
Pilgerfahrt der Befreiung und Wiederherstellung aufriefen.

108.9 **All this Johansen did not suspect,**

All dies ahnte Johansen nicht,

108.10 **but God knows he soon saw enough!**

aber er sah weiß Gott bald genug!

109.1 **I suppose that only a single mountain-top, the hideous monolith-crowned citadel whereon great Cthulhu was buried, actually emerged from the waters.**

Ich vermute, dass nur ein einziger Berggipfel, die abscheuliche, monolithisch gekrönte Zitadelle, auf der der große Cthulhu begraben wurde, tatsächlich aus dem Wasser aufgetaucht ist.

109.2 **When I think of the extent of all that may be brooding down there I almost wish to kill myself forthwith.**

Wenn ich an das Ausmaß all dessen denke, was dort unten brüten mag, würde ich mich am liebsten sofort umbringen.

109.3 **Johansen and his men were awed by the cosmic majesty of this dripping Babylon of elder demons,**

Johansen und seine Männer waren von der kosmischen Majestät dieses triefenden Babylons älterer Dämonen überwältigt und müssen ohne Anleitung geahnt haben,

109.4 **and must have guessed without guidance that it was nothing of this or of any sane planet.**

dass es weder von diesem noch von einem anderen gesunden Planeten stammte.

Awe at the unbelievable size of the greenish stone blocks, at the dizzying height of the great carven monolith, and at the stupefying identity of the colossal statues and bas-reliefs with the queer image found in the shrine on the Alert, is poignantly visible in every line of the mate's frightened description.

109.5

Die Ehrfurcht vor der unglaublichen Größe der grünlichen Steinblöcke, vor der schwindelerregenden Höhe des großen geschnitzten Monolithen und vor der verblüffenden Identität der kolossalen Statuen und Flachreliefs mit dem seltsamen Bild, das sich in dem Schrein auf dem Alert befindet, ist in jeder Zeile der erschrockenen Beschreibung des Kameraden deutlich zu spüren.

Without knowing what futurism is like, Johansen achieved something very close to it when he spoke of the city;

110.1

Ohne zu wissen, was Futurismus ist, hat Johansen etwas erreicht, das ihm sehr nahe kommt, als er von der Stadt sprach;

for instead of describing any definite structure or building,

110.2

denn anstatt irgendeine bestimmte Struktur oder ein Gebäude zu beschreiben,

he dwells only on the broad impressions of vast angles and stone surfaces -

110.3

verweilt er nur bei den breiten Eindrücken von riesigen Winkeln und Steinflächen -

110.4 surfaces too great to belong to anything right or proper for this earth, and impious with horrible images and hieroglyphs.

Flächen, die zu groß sind, um zu irgendetwas zu gehören, das für diese Erde richtig oder angemessen ist, und die mit schrecklichen Bildern und Hieroglyphen verunziert sind.

110.5 I mention his talk about angles because it suggests something Wilcox had told me of his awful dreams.

Ich erwähne sein Gerede über Winkel, weil es auf etwas hindeutet, das Wilcox mir über seine schrecklichen Träume erzählt hatte.

110.6 He had said that the geometry of the dream-place he saw was abnormal, non-Euclidean, and loathsomely redolent of spheres and dimensions apart from ours.

Er hatte gesagt, die Geometrie des Traumortes, den er sah, sei abnormal, nicht-euklidisch und erinnere auf widerliche Weise an Sphären und Dimensionen, die nicht die unseren seien.

110.7 Now an unlettered seaman felt the same thing whilst gazing at the terrible reality.

Nun fühlte ein ungebildeter Seemann dasselbe, während er die schreckliche Realität betrachtete.

111.1 Johansen and his men landed at a sloping mud-bank on this monstrous Acropolis, and clambered slipperily up over titan oozy blocks which could have been no mortal staircase.

Johansen und seine Männer landeten an einer abfallenden Schlammbank auf dieser monströsen Akropolis und kletterten schlüpfrig über titanische, schlammige Blöcke hinauf, die keine sterbliche Treppe sein konnten.

The very sun of heaven seemed distorted when
viewed through the polarizing miasma welling out
from this sea-soaked perversion, and twisted menace
and suspense lurked leeringly in those crazily elusive
angles of carven rock where a second glance showed
concavity after the first showed convexity.

111.2

Die Sonne des Himmels schien verzerrt zu sein, wenn
man sie durch das polarisierende Miasma betrachtete, das
aus dieser meeresgetränkten Perversion quoll, und eine
verdrehte Bedrohung und Spannung lauerte lauernd
in jenen verrückten, schwer fassbaren Winkeln des
gemeißelten Gesteins, wo ein zweiter Blick eine Konkavität
zeigte, nachdem der erste eine Konvexität zeigte.

Something very like fright had come over all the
explorers before anything more definite than rock
and ooze and weed was seen.

112.1

Alle Entdecker waren erschrocken, bevor sie etwas
Eindeutigeres als Felsen, Schlamm und Unkraut sahen.

Each would have fled had he not feared the scorn of
the others, and it was only half-heartedly that they
searched -

112.2

Jeder wäre geflohen, hätte er nicht den Spott der anderen
gefürchtet, und nur halbherzig suchten sie -

vainly, as it proved -

112.3

vergeblich, wie sich herausstellte -

for some portable souvenir to bear away.

112.4

nach einem tragbaren Souvenir zum Mitnehmen.

113.1 It was Rodriguez the Portuguese who climbed up the foot of the monolith and shouted of what he had found.

Es war der Portugiese Rodriguez, der auf den Fuß des Monolithen kletterte und rief, was er gefunden hatte.

113.2 The rest followed him, and looked curiously at the immense carved door with the now familiar squid-dragon bas-relief.

Die anderen folgten ihm und betrachteten neugierig die riesige geschnitzte Tür mit dem nun bekannten Tintenfisch-Drachenrelief.

113.3 It was, Johansen said, like a great barn-door; and they all felt that it was a door because of the ornate lintel, threshold, and jambs around it, though they could not decide whether it lay flat like a trap-door or slantwise like an outside cellar-door.

Sie sah, wie Johansen sagte, wie ein großes Scheunentor aus, und alle waren der Meinung, dass es sich um eine Tür handelte, weil sie den verzierten Türsturz, die Schwelle und die Pfosten ringsum sahen, obwohl sie nicht entscheiden konnten, ob sie flach wie eine Falltür oder schräg wie eine Kellertür lag.

113.4 As Wilcox would have said,

Wie Wilcox gesagt hätte,

113.5 the geometry of the place was all wrong.

war die Geometrie des Ortes völlig falsch.

113.6 One could not be sure that the sea and the ground were horizontal, hence the relative position of everything else seemed fantasmally variable.

Man konnte nicht sicher sein, dass das Meer und der Boden waagerecht waren, und so schien die relative Position von allem anderen auf phantastische Weise variabel.

Briden pushed at the stone in several places without result. 114.1

Briden drückte an mehreren Stellen erfolglos auf den Stein.

Then Donovan felt over it delicately around the edge, pressing each point separately as he went. 114.2

Dann tastete Donovan vorsichtig an der Kante entlang und drückte dabei jeden Punkt einzeln.

He climbed interminably along the grotesque stone molding - 114.3

Er kletterte endlos an der grotesken Steinform entlang -

that is, 114.4

man würde es klettern nennen,

one would call it climbing if the thing was not after all horizontal - 114.5

wenn das Ding nicht waagerecht wäre -

and the men wondered how any door in the universe could be so vast. 114.6

und die Männer fragten sich, wie irgendeine Tür im Universum so groß sein konnte.

Then, very softly and slowly, the acre-great panel began to give inward at the top; and they saw that it was balanced. 114.7

Dann, ganz leise und langsam, gab die riesige Platte oben nach, und sie sahen, dass sie im Gleichgewicht war.

Donovan slid or somehow propelled himself down or along the jamb and rejoined his fellows, 115.1

Donovan rutschte oder schob sich irgendwie den Pfosten hinunter oder an ihm entlang und gesellte sich wieder zu seinen Kameraden,

115.2 and everyone watched the queer recession of the monstrously carven portal.

und alle beobachteten die seltsame Rückwärtsbewegung des monströs geschnitzten Portals.

115.3 In this fantasy of prismatic distortion it moved anomalously in a diagonal way,

In dieser Fantasie prismatischer Verzerrung bewegte es sich auf anomale Weise diagonal,

115.4 so that all the rules of matter and perspective seemed upset.

so dass alle Regeln der Materie und der Perspektive außer Kraft gesetzt schienen.

116.1 The aperture was black with a darkness almost material.

Die Öffnung war schwarz mit einer fast materiellen Dunkelheit.

116.2 That tenebrousness was indeed a positive quality; for it obscured such parts of the inner walls as ought to have been revealed, and actually burst forth like smoke from its eon-long imprisonment, visibly darkening the sun as it slunk away into the shrunken and gibbous sky on flapping membranous wings.

Diese Schwärze war in der Tat eine positive Eigenschaft, denn sie verdeckte die Teile der Innenwände, die eigentlich hätten enthüllt werden müssen, und brach tatsächlich wie Rauch aus ihrer jahrhundertelangen Gefangenschaft hervor und verdunkelte sichtbar die Sonne, während sie sich auf ihren häutigen Flügeln in den geschrumpften und kalbenden Himmel schlich.

The odor arising from the newly opened depths was intolerable, and at length the quick-eared Hawkins thought he heard a nasty, slopping sound down there.  116.3

Der Geruch, der aus den neu geöffneten Tiefen aufstieg, war unerträglich, und schließlich glaubte der hellhörige Hawkins, dort unten ein unangenehmes, schlürfendes Geräusch zu hören.

Everyone listened, and everyone was listening still when It lumbered slobberingly into sight and gropingly squeezed Its gelatinous green immensity through the black doorway into the tainted outside air of that poison city of madness.  116.4

Alle lauschten, und alle lauschten noch immer, als Es sabbernd in Sicht kam und sich mit seiner gallertartigen grünen Unermesslichkeit durch die schwarze Tür in die verdorbene Außenluft dieser giftigen Stadt des Wahnsinns zwängte.

Poor Johansen's handwriting almost gave out when he wrote of this.  117.1

Die Handschrift des armen Johansen versagte fast, als er darüber schrieb.

Of the six men who never reached the ship, he thinks two perished of pure fright in that accursed instant.  117.2

Von den sechs Männern, die das Schiff nicht erreichten, sind seiner Meinung nach zwei in jenem verfluchten Augenblick vor lauter Schreck umgekommen.

The Thing can not be described -  117.3

Das Ding kann nicht beschrieben werden -

117.4 there is no language for such abysms of shrieking and immemorial lunacy, such eldritch contradictions of all matter, force, and cosmic order.

es gibt keine Sprache für solche Abgründe von Gekreisch und urzeitlichem Wahnsinn, solche unheimlichen Widersprüche zu aller Materie, Kraft und kosmischen Ordnung.

117.5 A mountain walked or stumbled. God!

Ein Berg wankte oder stolperte. Mein Gott!

117.6 What wonder that across the earth a great architect went mad,

Welches Wunder,

117.7 and poor Wilcox raved with fever in that telepathic instant?

dass auf der anderen Seite der Erde ein großer Architekt verrückt wurde und der arme Wilcox in jenem telepathischen Augenblick vor Fieber tobte?

117.8 The Thing of the idols, the green, sticky spawn of the stars, had awaked to claim his own.

Das Ding der Götzen, die grüne, klebrige Ausgeburt der Sterne, war erwacht, um sein Eigentum zu fordern.

117.9 The stars were right again, and what an age-old cult had failed to do by design, a band of innocent sailors had done by accident.

Die Sterne standen wieder richtig, und was ein uralter Kult nicht absichtlich getan hatte, hatte eine Gruppe unschuldiger Seeleute aus Versehen getan.

117.10 After vigintillions of years great Cthulhu was loose again, and ravening for delight.

Nach Abermillionen von Jahren war der große Cthulhu wieder auf freiem Fuß und gierte nach Vergnügen.

Three men were swept up by the flabby claws before anybody turned.

118.1

Drei Männer wurden von den schwabbeligen Klauen erfasst, bevor sich jemand umdrehen konnte.

God rest them,

118.2

Gott möge sie in Frieden ruhen lassen,

if there be any rest in the universe.

118.3

wenn es überhaupt einen Frieden im Universum gibt.

They were Donovan, Guerrera and Angstrom.

118.4

Es waren Donovan, Guerrera und Angstrom.

Parker slipped as the other three were plunging frenziedly over endless vistas of green-crusted rock to the boat, and Johansen swears he was swallowed up by an angle of masonry which shouldn't have been there;

118.5

Parker rutschte aus, als die anderen drei sich wie wild über endlose Weiten grünverkrusteter Felsen zum Boot stürzten, und Johansen schwört, dass er von einem Winkel des Mauerwerks verschluckt wurde, der nicht hätte da sein dürfen;

an angle which was acute, but behaved as if it were obtuse.

118.6

ein Winkel, der zwar spitz war, sich aber so verhielt, als sei er stumpf.

So only Briden and Johansen reached the boat,

118.7

So erreichten nur Briden und Johansen das Boot und zogen verzweifelt am Alert,

118.8 and pulled desperately for the Alert as the mountainous monstrosity flopped down the slimy stones and hesitated floundering at the edge of the water.

während das bergige Ungetüm die schleimigen Steine hinunterplumpste und zögernd am Rande des Wassers taumelte.

119.1 Steam had not been suffered to go down entirely, despite the departure of all hands for the shore; and it was the work of only a few moments of feverish rushing up and down between wheels and engines to get the Alert under way.

Der Dampf war trotz des Aufbruchs aller Männer zum Ufer noch nicht ganz abgeklungen, und es bedurfte nur weniger Augenblicke fieberhaften Hin - und Herhetzens zwischen Rädern und Maschinen, um den Alert in Gang zu bringen.

119.2 Slowly, amidst the distorted horrors of that indescribable scene, she began to churn the lethal waters; whilst on the masonry of that charnel shore that was not of earth the titan Thing from the stars slavered and gibbered like Polypheme cursing the fleeing ship of Odysseus.

Langsam, inmitten der verzerrten Schrecken dieser unbeschreiblichen Szene, begann sie, das tödliche Wasser aufzurütteln, während auf dem Gemäuer jenes versteinerten Ufers, das nicht von der Erde war, das titanische Ding von den Sternen sabberte und schnatterte wie Polyphem, der das fliehende Schiff des Odysseus verfluchte.

Then, bolder than the storied Cyclops, great Cthulhu    119.3
slid greasily into the water and began to pursue with
vast wave-raising strokes of cosmic potency.

Dann, kühner als der sagenumwobene Zyklop, glitt der
große Cthulhu schmierig ins Wasser und begann mit
gewaltigen, wellenschlagenden Schlägen kosmischer
Potenz zu jagen.

Briden looked back and went mad, laughing shrilly    119.4
as he kept on laughing at intervals till death found
him one night in the cabin whilst Johansen was
wandering deliriously.

Briden blickte zurück und wurde wahnsinnig, lachte
schrill und lachte in Abständen weiter, bis ihn der Tod
eines Nachts in der Kajüte fand, während Johansen im
Delirium herumirrte.

But Johansen had not given out yet.    120.1

Aber Johansen hatte noch nicht aufgegeben.

Knowing that the Thing could surely overtake the    120.2
Alert until steam was fully up, he resolved on a
desperate chance;

Da er wusste, dass das Ding den Alert sicher überholen
konnte, bis der Dampf voll aufstieg, entschloss er sich zu
einem verzweifelten Versuch;

and, setting the engine for full speed, ran lightning-    120.3
like on deck and reversed the wheel.

er stellte die Maschine auf volle Geschwindigkeit ein,
rannte blitzschnell an Deck und drehte das Steuerrad um.

120.4 There was a mighty eddying and foaming in the noisome brine, and as the steam mounted higher and higher the brave Norwegian drove his vessel head on against the pursuing jelly which rose above the unclean froth like the stern of a demon galleon.

Die stinkende Sole wirbelte und schäumte gewaltig, und als der Dampf immer höher stieg, trieb der tapfere Norweger sein Schiff frontal gegen die verfolgende Qualle, die sich wie das Heck einer dämonischen Galeone aus dem unreinen Schaum erhob.

120.5 The awful squid-head with writhing feelers came nearly up to the bowsprit of the sturdy yacht,

Der schreckliche Tintenfischkopf mit seinen sich windenden Fühlern kam fast bis an den Bugspriet der robusten Yacht heran,

120.6 but Johansen drove on relentlessly.

aber Johansen trieb unerbittlich weiter.

121.1 There was a bursting as of an exploding bladder, a slushy nastiness as of a cloven sunfish, a stench as of a thousand opened graves, and a sound that the chronicler would not put on paper.

Es gab ein Platzen wie bei einer explodierenden Blase, eine matschige Ekelhaftigkeit wie bei einem zerfetzten Sonnenfisch, einen Gestank wie bei tausend geöffneten Gräbern und ein Geräusch, das der Chronist nicht zu Papier bringen würde.

121.2 For an instant the ship was befouled by an acrid and blinding green cloud, and then there was only a venomous seething astern; where -

Einen Augenblick lang wurde das Schiff von einer beißenden und blendenden grünen Wolke vernebelt, und dann gab es nur noch ein giftiges Brodeln achtern, wo -

**God in heaven!**                                                    121.3
Gott im Himmel!

**– the scattered plasticity of that nameless sky-spawn**             121.4
**was nebulously recombining in its hateful original**
**form, whilst its distance widened every second as the**
**Alert gained impetus from its mounting steam.**
– die zerstreute Plastizität dieser namenlosen Himmelsbrut
sich nebelhaft in ihrer haßerfüllten ursprünglichen Form
wieder zusammensetzte, während sich ihre Entfernung
mit jeder Sekunde vergrößerte, in der der Alert durch den
aufsteigenden Dampf an Schwung gewann.

---

**That was all.**                                                     123.1
Das war alles.

**After that Johansen only brooded over the idol in**                 123.2
**the cabin and attended to a few matters of food for**
**himself and the laughing maniac by his side.**
Danach brütete Johansen nur noch über dem Idol in der
Kabine und kümmerte sich um ein paar Lebensmittel für
sich und den lachenden Irren an seiner Seite.

**He did not try to navigate after the first bold flight,**           123.3
Nach dem ersten kühnen Flug versuchte er nicht mehr zu
navigieren,

**for the reaction had taken something out of his soul.**            123.4
denn die Reaktion hatte ihm etwas aus der Seele gerissen.

**Then came the storm of April 2nd, and a gathering of**             123.5
**the clouds about his consciousness.**
Dann kam der Sturm des 2. April und die Wolken über
seinem Bewusstsein verdichteten sich.

123.6 There is a sense of spectral whirling through liquid gulfs of infinity, of dizzying rides through reeling universes on a comet's tail, and of hysterical plunges from the pit to the moon and from the moon back again to the pit, all livened by a cachinnating chorus of the distorted, hilarious elder gods and the green, bat-winged mocking imps of Tartarus.

Man hat das Gefühl, als würde man gespenstisch durch die flüssigen Abgründe der Unendlichkeit gewirbelt, als würde man auf dem Schweif eines Kometen schwindelerregend durch taumelnde Universen reiten, als würde man hysterisch von der Grube zum Mond und vom Mond wieder zurück in die Grube stürzen, und das alles belebt durch einen kichernden Chor der verzerrten, urkomischen älteren Götter und der grünen, fledermausbeflügelten, spöttischen Kobolde des Tartarus.

124.1 Out of that dream came rescue -

Aus diesem Traum kam die Rettung -

124.2 the Vigilant, the vice-admiralty court, the streets of Dunedin, and the long voyage back home to the old house by the Egeberg.

die Vigilant, das Vizeadmiralitätsgericht, die Straßen von Dunedin und die lange Reise zurück nach Hause in das alte Haus am Egeberg.

124.3 He could not tell -

Er konnte es nicht erzählen -

124.4 they would think him mad.

man würde ihn für verrückt halten.

124.5 He would write of what he knew before death came, but his wife must not guess.

Er würde schreiben, was er wusste, bevor der Tod kam, aber seine Frau durfte es nicht erraten.

Death would be a boon if only it could blot out the memories.

124.6

Der Tod wäre eine Wohltat, wenn er nur die Erinnerungen auslöschen könnte.

That was the document I read, and now I have placed it in the tin box beside the bas-relief and the papers of Professor Angell.

125.1

Das war das Dokument, das ich gelesen habe, und nun habe ich es in die Blechkiste neben dem Flachrelief und den Unterlagen von Professor Angell gelegt.

With it shall go this record of mine — this test of my own sanity, wherein is pieced together that which I hope may never be pieced together again.

125.2

Mit ihm soll diese Aufzeichnung von mir gehen, dieser Test meiner eigenen Vernunft, in dem das zusammengefügt wird, was hoffentlich nie wieder zusammengefügt werden kann.

I have looked upon all that the universe has to hold of horror, and even the skies of spring and the flowers of summer must ever afterward be poison to me.

125.3

Ich habe alles betrachtet, was das Universum an Grauen zu bieten hat, und selbst der Himmel des Frühlings und die Blumen des Sommers müssen für mich fortan Gift sein.

But I do not think my life will be long.

125.4

Aber ich glaube nicht, dass mein Leben lang sein wird.

As my uncle went, as poor Johansen went, so I shall go.

125.5

Wie mein Onkel ging, wie der arme Johansen ging, so werde auch ich gehen.

I know too much, and the cult still lives.

125.6

Ich weiß zu viel, und der Kult lebt noch.

126.1 Cthulhu still lives, too, I suppose, again in that chasm of stone which has shielded him since the sun was young.

Auch Cthulhu lebt noch, nehme ich an, wieder in der steinernen Kluft, die ihn beschützt hat, seit die Sonne jung war.

126.2 His accursed city is sunken once more,

Seine verfluchte Stadt ist noch einmal versunken,

126.3 for the Vigilant sailed over the spot after the April storm;

denn die Vigilant segelte nach dem Aprilsturm über die Stelle;

126.4 but his ministers on earth still bellow and prance and slay around idol-capped monoliths in lonely places.

aber seine Diener auf Erden brüllen und tänzeln und morden noch immer um götzenbedeckte Monolithen an einsamen Orten.

126.5 He must have been trapped by the sinking whilst within his black abyss,

Er muss durch den Untergang in seinem schwarzen Abgrund gefangen worden sein,

126.6 or else the world would by now be screaming with fright and frenzy.

sonst würde die Welt jetzt vor Schreck und Wahnsinn schreien.

126.7 Who knows the end?

Wer kennt das Ende?

126.8 What has risen may sink, and what has sunk may rise.

Was aufgestiegen ist, kann untergehen, und was gesunken ist, kann aufsteigen.

Loathsomeness waits and dreams in the deep,    126.9
Abscheulichkeit wartet und träumt in der Tiefe,

and decay spreads over the tottering cities of men.    126.10
und Verfall breitet sich aus über die schwankenden Städte
der Menschen.

A time will come - but I must not and can not think!    126.11
Eine Zeit wird kommen - aber ich darf und kann nicht
denken!

Let me pray that, if I do not survive this manuscript,    126.12
my executors may put caution before audacity and
see that it meets no other eye.
Lasst mich beten, dass, wenn ich dieses Manuskript nicht
überlebe, meine Nachlassverwalter Vorsicht vor Kühnheit
walten lassen und dafür sorgen, dass es keinem anderen
Auge begegnet.

# The Colour Out of Space

Die Farbe aus dem All

# THE COLOUR OUT OF SPACE

DIE FARBE AUS DEM RAUM

1.1 **West of Arkham the hills rise wild, and there are valleys with deep woods that no axe has ever cut.**
Westlich von Arkham erheben sich die Hügel wild, und es gibt Täler mit tiefen Wäldern, die noch nie von einer Axt geschnitten wurden.

1.2 **There are dark narrow glens where the trees slope fantastically, and where thin brooklets trickle without ever having caught the glint of sunlight.**
Es gibt dunkle, schmale Schluchten, in denen sich die Bäume phantastisch neigen und in denen dünne Bächlein plätschern, ohne jemals den Schimmer des Sonnenlichts eingefangen zu haben.

1.3 **On the gentler slopes there are farms, ancient and rocky, with squat, moss-coated cottages brooding eternally over old New England secrets in the lee of great ledges;**
An den sanfteren Hängen gibt es Bauernhöfe, uralt und felsig, mit gedrungenen, moosbewachsenen Häusern, die im Windschatten großer Felsvorsprünge ewig über alten Neuengland-Geheimnissen brüten;

but these are all vacant now,                                    1.4

aber sie stehen jetzt alle leer,

the wide chimneys crumbling and the shingled sides              1.5
bulging perilously beneath low gambrel roofs.

die breiten Schornsteine bröckeln und die Schindelseiten
wölben sich gefährlich unter niedrigen Satteldächern.

The old folk have gone away,                                     2.1

Die alten Leute sind weggezogen,

and foreigners do not like to live there.                        2.2

und die Ausländer wollen dort nicht leben.

French-Canadians have tried it, Italians have tried it,          2.3
and the Poles have come and departed.

Französisch-Kanadier haben es versucht, Italiener haben
es versucht, und die Polen sind gekommen und wieder
gegangen.

It is not because of anything that can be seen or                2.4
heard or handled, but because of something that
is imagined.

Nicht wegen etwas, das man sehen, hören oder anfassen
kann, sondern wegen etwas, das man sich vorstellt.

The place is not good for imagination, and does not              2.5
bring restful dreams at night.

Der Ort ist nicht gut für die Phantasie und bringt nachts
keine erholsamen Träume.

It must be this which keeps the foreigners away, for             2.6
old Ammi Pierce has never told them of anything he
recalls from the strange days.

Das muss es sein, was die Fremden fernhält, denn der alte
Ammi Pierce hat ihnen nie etwas erzählt, woran er sich aus
der fremden Zeit erinnert.

2.7 Ammi, whose head has been a little queer for years, is the only one who still remains, or who ever talks of the strange days;

Ammi, dessen Kopf schon seit Jahren ein wenig seltsam ist, ist der einzige, der noch da ist oder überhaupt von den seltsamen Tagen spricht;

2.8 and he dares to do this because his house is so near the open fields and the travelled roads around Arkham.

und er traut sich das, weil sein Haus so nahe an den offenen Feldern und den befahrenen Straßen um Arkham liegt.

3.1 There was once a road over the hills and through the valleys, that ran straight where the blasted heath is now;

Einst führte eine Straße über die Hügel und durch die Täler, die genau dort verlief, wo sich jetzt die gesprengte Heide befindet;

3.2 but people ceased to use it and a new road was laid curving far toward the south.

aber die Menschen haben aufgehört, sie zu benutzen, und eine neue Straße wurde angelegt, die weit nach Süden führt.

3.3 Traces of the old one can still be found amidst the weeds of a returning wilderness, and some of them will doubtless linger even when half the hollows are flooded for the new reservoir.

Die Spuren der alten Straße sind noch immer im Unkraut der zurückkehrenden Wildnis zu finden, und einige von ihnen werden zweifellos auch dann noch vorhanden sein, wenn die Hälfte der Senken für den neuen Stausee geflutet wird.

Then the dark woods will be cut down and the blasted    3.4
heath will slumber far below blue waters whose
surface will mirror the sky and ripple in the sun.
Dann werden die dunklen Wälder abgeholzt sein, und
die verwüstete Heide wird weit unter blauen Gewässern
schlummern, deren Oberfläche den Himmel spiegeln und
sich in der Sonne kräuseln wird.

And the secrets of the strange days will be one with    3.5
the deep's secrets; one with the hidden lore of old
ocean,
Und die Geheimnisse der seltsamen Tage werden eins sein
mit den Geheimnissen der Tiefe,

and all the mystery of primal earth.    3.6
eins mit dem verborgenen Wissen des alten Ozeans und
dem ganzen Geheimnis der ursprünglichen Erde.

When I went into the hills and vales to survey for the    4.1
new reservoir they told me the place was evil.
Als ich in die Hügel und Täler ging, um den neuen Stausee
zu erkunden, sagte man mir, der Ort sei böse.

They told me this in Arkham, and because that is a    4.2
very old town full of witch legends I thought the evil
must be something which grandmas had whispered
to children through centuries.
Sie sagten mir das in Arkham, und da dies eine sehr alte
Stadt voller Hexenlegenden ist, dachte ich, das Böse
müsse etwas sein, das Großmütter den Kindern über
Jahrhunderte hinweg eingeflüstert hatten.

The name "blasted heath"    4.3
Der Name "verfluchte Heide"

4.4 seemed to me very odd and theatrical, and I wondered how it had come into the folklore of a Puritan people.

kam mir sehr seltsam und theatralisch vor, und ich fragte mich, wie er in die Folklore eines puritanischen Volkes gekommen war.

4.5 Then I saw that dark westward tangle of glens and slopes for myself,

Dann sah ich dieses dunkle Gewirr von Schluchten und Hängen im Westen mit eigenen Augen und hörte auf,

4.6 and ceased to wonder at anything besides its own elder mystery.

mich über irgendetwas anderes zu wundern als über sein eigenes altes Geheimnis.

4.7 It was morning when I saw it, but shadow lurked always there.

Es war Morgen, als ich es sah, aber der Schatten lauerte immer dort.

4.8 The trees grew too thickly,

Die Bäume wuchsen zu dicht,

4.9 and their trunks were too big for any healthy New England wood.

und ihre Stämme waren zu groß für einen gesunden Wald in Neuengland.

4.10 There was too much silence in the dim alleys between them,

In den schummrigen Gassen zwischen ihnen herrschte zu viel Stille,

and the floor was too soft with the dank moss and mattings of infinite years of decay.

4.11

und der Boden war zu weich mit dem feuchten Moos und den Matten von unendlich vielen Jahren des Verfalls.

In the open spaces, mostly along the line of the old road, there were little hillside farms; sometimes with all the buildings standing, sometimes with only one or two, and sometimes with only a lone chimney or fast-filling cellar.

5.1

Auf den Freiflächen, meist entlang der alten Straße, gab es kleine Bauernhöfe in Hanglage, manchmal mit allen Gebäuden, manchmal nur mit einem oder zwei, und manchmal nur mit einem einsamen Schornstein oder einem sich schnell füllenden Keller.

Weeds and briers reigned,

5.2

Unkraut und Gestrüpp wuchsen,

and furtive wild things rustled in the undergrowth.

5.3

und im Unterholz raschelte das Wild.

Upon everything was a haze of restlessness and oppression; a touch of the unreal and the grotesque, as if some vital element of perspective or chiaroscuro were awry.

5.4

Über allem lag ein Hauch von Unruhe und Beklemmung, ein Hauch von Unwirklichkeit und Groteske, als ob ein wesentliches Element der Perspektive oder des Helldunkels gestört wäre.

I did not wonder that the foreigners would not stay, for this was no region to sleep in.

5.5

Ich wunderte mich nicht, dass die Ausländer nicht bleiben wollten, denn dies war keine Gegend zum Schlafen.

5.6 It was too much like a landscape of Salvator Rosa; too much like some forbidden woodcut in a tale of terror.

Sie ähnelte zu sehr einer Landschaft von Salvator Rosa, zu sehr einem verbotenen Holzschnitt in einer Schreckensgeschichte.

6.1 But even all this was not so bad as the blasted heath.

Aber selbst das war nicht so schlimm wie die verfluchte Heide.

6.2 I knew it the moment I came upon it at the bottom of a spacious valley;

Ich erkannte sie in dem Moment, als ich auf sie stieß, am Fuße eines weitläufigen Tals;

6.3 for no other name could fit such thing,

denn kein anderer Name konnte zu dieser Sache passen,

6.4 or any other thing fit such a name.

und keine andere Sache passte zu einem solchen Namen.

6.5 It was as if the poet had coined the phrase from having seen this one particular region.

Es war, als ob der Dichter den Ausdruck geprägt hätte, weil er diese eine bestimmte Gegend gesehen hatte.

6.6 It must, I thought as I viewed it, be the outcome of a fire;

Es muss, so dachte ich, als ich es betrachtete, das Ergebnis eines Brandes sein;

but why had nothing new ever grown over those five
acres of grey desolation that sprawled open to the sky
like a great spot eaten by acid in the woods and fields?

6.7

aber warum war auf diesen fünf Hektar grauer Verwüstung,
die sich wie ein großer, von Säure zerfressener Fleck in den
Wäldern und Feldern zum Himmel hin ausbreiteten, nie
etwas Neues gewachsen?

It lay largely to the north of the ancient road line,

6.8

Sie lag größtenteils nördlich der alten Straßenlinie,

but encroached a little on the other side.

6.9

doch auf der anderen Seite reichte sie ein wenig darüber
hinaus.

I felt an odd reluctance about approaching, and did so
at last only because my business took me through and
past it.

6.10

Ich hatte eine merkwürdige Scheu, mich ihm zu nähern,
und tat es schließlich nur, weil mein Geschäft mich durch
und an ihm vorbei führte.

There was no vegetation of any kind on that broad
expanse, but only a fine grey dust or ash which no
wind seemed ever to blow about.

6.11

Auf dieser weiten Fläche gab es keinerlei Vegetation,
sondern nur einen feinen grauen Staub oder Asche, den
kein Wind zu verwehen schien.

The trees near it were sickly and stunted,

6.12

Die Bäume in der Nähe waren kränklich und verkrüppelt,

and many dead trunks stood or lay rotting at the rim.

6.13

und viele tote Stämme standen oder lagen verrottet am
Rande.

6.14 As I walked hurriedly by I saw the tumbled bricks and stones of an old chimney and cellar on my right, and the yawning black maw of an abandoned well whose stagnant vapours played strange tricks with the hues of the sunlight.

Als ich eilig vorbeiging, sah ich zu meiner Rechten die zertrümmerten Ziegel und Steine eines alten Schornsteins und Kellers und den gähnenden schwarzen Schlund eines verlassenen Brunnens, dessen stagnierende Dämpfe den Farben des Sonnenlichts seltsame Streiche spielten.

6.15 Even the long, dark woodland climb beyond seemed welcome in contrast, and I marvelled no more at the frightened whispers of Arkham people.

Sogar der lange, dunkle Waldanstieg jenseits des Weges erschien mir als willkommener Kontrast, und ich wunderte mich nicht mehr über das ängstliche Geflüster der Leute von Arkham.

6.16 There had been no house or ruin near;

Es gab weder ein Haus noch eine Ruine in der Nähe;

6.17 even in the old days the place must have been lonely and remote.

selbst in den alten Tagen muss der Ort einsam und abgelegen gewesen sein.

6.18 And at twilight, dreading to repass that ominous spot, I walked circuitously back to the town by the curving road on the south.

In der Dämmerung fürchtete ich mich davor, diesen unheilvollen Ort noch einmal zu besuchen, und ging auf der kurvenreichen Straße im Süden zurück in die Stadt.

I vaguely wished some clouds would gather, for an    6.19
odd timidity about the deep skyey voids above had
crept into my soul.

Ich wünschte mir vage, dass ein paar Wolken aufziehen
würden, denn eine seltsame Scheu vor den tiefen
himmlischen Leeren über mir hatte sich in meine Seele
geschlichen.

In the evening I asked old people in Arkham about    7.1
the blasted heath, and what was meant by that phrase

Am Abend fragte ich alte Leute in Arkham nach der
verfluchten Heide und was mit dem Ausdruck

"strange days"    7.2

"seltsame Tage"

which so many evasively muttered.    7.3

gemeint war, den so viele ausweichend murmelten.

I could not, however, get any good answers, except    7.4
that all the mystery was much more recent than I had
dreamed.

Ich konnte jedoch keine guten Antworten erhalten, außer
dass das ganze Mysterium viel jünger war, als ich es mir
erträumt hatte.

It was not a matter of old legendry at all, but    7.5
something within the lifetime of those who spoke.

Es handelte sich keineswegs um eine alte Legende, sondern
um etwas, das noch zu Lebzeiten derjenigen geschah, die
darüber sprachen.

It had happened in the 'eighties,    7.6

Es war in den achtziger Jahren geschehen,

and a family had disappeared or was killed.    7.7

und eine Familie war verschwunden oder getötet worden.

7.8 Speakers would not be exact; and because they all told me to pay no attention to old Ammi Pierce's crazy tales, I sought him out the next morning, having heard that he lived alone in the ancient tottering cottage where the trees first begin to get very thick.

Die Sprecher wollten es nicht genau wissen, und da sie mir alle sagten, ich solle den verrückten Geschichten des alten Ammi Pierce keine Beachtung schenken, suchte ich ihn am nächsten Morgen auf, nachdem ich gehört hatte, dass er allein in der alten, wackeligen Hütte lebte, wo die Bäume zu wuchern beginnen.

7.9 It was a fearsomely ancient place, and had begun to exude the faint miasmal odour which clings about houses that have stood too long.

Es war ein furchterregend altes Haus, das den schwachen miasmatischen Geruch verströmte, der Häusern anhaftet, die schon zu lange stehen.

7.10 Only with persistent knocking could I rouse the aged man, and when he shuffled timidly to the door I could tell he was not glad to see me.

Nur durch hartnäckiges Klopfen konnte ich den alten Mann wecken, und als er zaghaft zur Tür schlurfte, konnte ich erkennen, dass er nicht froh war, mich zu sehen.

7.11 He was not so feeble as I had expected; but his eyes drooped in a curious way, and his unkempt clothing and white beard made him seem very worn and dismal.

Er war nicht so schwach, wie ich erwartet hatte, aber seine Augen hingen auf seltsame Weise herab, und seine ungepflegte Kleidung und sein weißer Bart ließen ihn sehr abgenutzt und trostlos erscheinen.

Not knowing just how he could best be launched on his tales, I feigned a matter of business; told him of my surveying, and asked vague questions about the district. 8.1

Da ich nicht wusste, wie ich ihn am besten zu seinen Geschichten anregen konnte, tat ich so, als ginge es um eine geschäftliche Angelegenheit, erzählte ihm von meinen Vermessungsarbeiten und stellte ihm vage Fragen über die Gegend.

He was far brighter and more educated than I had been led to think, and before I knew it had grasped quite as much of the subject as any man I had talked with in Arkham. 8.2

Er war viel klüger und gebildeter, als man mir weismachen wollte, und ehe ich mich versah, hatte er so viel von dem Thema begriffen wie kein anderer Mann, mit dem ich in Arkham gesprochen hatte.

He was not like other rustics I had known in the sections where reservoirs were to be. 8.3

Er war nicht wie andere Landbewohner, die ich in den Gegenden kannte, in denen Stauseen angelegt werden sollten.

From him there were no protests at the miles of old wood and farmland to be blotted out, though perhaps there would have been had not his home lain outside the bounds of the future lake. 8.4

Er protestierte nicht gegen die kilometerlangen alten Wälder und das Ackerland, das vernichtet werden sollte, obwohl das vielleicht der Fall gewesen wäre, wenn sein Haus nicht außerhalb der Grenzen des zukünftigen Sees gelegen hätte.

8.5 Relief was all that he showed; relief at the doom of the dark ancient valleys through which he had roamed all his life.

Alles, was er zeigte, war Erleichterung, Erleichterung über den Untergang der dunklen alten Täler, durch die er sein ganzes Leben lang gewandert war.

8.6 They were better under water now -

Sie waren jetzt besser unter Wasser -

8.7 better under water since the strange days.

besser unter Wasser seit den seltsamen Tagen.

8.8 And with this opening his husky voice sank low,

Und mit dieser Eröffnung sank seine heisere Stimme in die Tiefe,

8.9 while his body leaned forward and his right forefinger began to point shakily and impressively.

während sich sein Körper nach vorne beugte und sein rechter Zeigefinger zittrig und eindrucksvoll zu zeigen begann.

---

10.1 It was then that I heard the story, and as the rambling voice scraped and whispered on I shivered again and again despite the summer day.

Damals hörte ich die Geschichte, und als die abschweifende Stimme weiterschrieb und flüsterte, fröstelte ich trotz des Sommertages immer wieder.

Often I had to recall the speaker from ramblings, piece out scientific points which he knew only by a fading parrot memory of professors' talk, or bridge over gaps, where his sense of logic and continuity broke down.

10.2

Oft musste ich den Redner aus seinen Abschweifungen zurückrufen, wissenschaftliche Punkte herausarbeiten, die er nur durch eine verblassende Papageienerinnerung an Professorenvorträge kannte, oder Lücken überbrücken, wo sein Sinn für Logik und Kontinuität versagte.

When he was done I did not wonder that his mind had snapped a trifle, or that the folk of Arkham would not speak much of the blasted heath.

10.3

Als er fertig war, wunderte ich mich nicht, dass sein Verstand ein wenig zerbrochen war, oder dass die Leute in Arkham nicht viel von der verfluchten Heide sprechen würden.

I hurried back before sunset to my hotel, unwilling to have the stars come out above me in the open; and the next day returned to Boston to give up my position.

10.4

Ich eilte noch vor Sonnenuntergang in mein Hotel zurück, da ich nicht wollte, dass die Sterne im Freien über mir auftauchten, und kehrte am nächsten Tag nach Boston zurück, um meine Stellung aufzugeben.

I could not go into that dim chaos of old forest and slope again, or face another time that grey blasted heath where the black well yawned deep beside the tumbled bricks and stones.

10.5

Ich konnte nicht noch einmal in dieses düstere Chaos aus altem Wald und Abhang gehen oder mich ein weiteres Mal dieser grauen, gesprengten Heide stellen, wo der schwarze Brunnen tief neben den umgestürzten Ziegeln und Steinen gähnte.

10.6 The reservoir will soon be built now,

Der Stausee wird jetzt bald gebaut werden,

10.7 and all those elder secrets will lie safe forever under watery fathoms.

und all die alten Geheimnisse werden für immer in den Tiefen des Wassers liegen.

10.8 But even then I do not believe I would like to visit that country by night -

Aber selbst dann glaube ich nicht, dass ich dieses Land bei Nacht besuchen möchte -

10.9 at least not when the sinister stars are out;

zumindest nicht, wenn die unheimlichen Sterne draußen sind;

10.10 and nothing could bribe me to drink the new city water of Arkham.

und nichts könnte mich dazu verleiten, das neue Stadtwasser von Arkham zu trinken.

11.1 It all began, old Ammi said, with the meteorite.

Alles begann, sagte die alte Ammi, mit dem Meteoriten.

11.2 Before that time there had been no wild legends at all since the witch trials, and even then these western woods were not feared half so much as the small island in the Miskatonic where the devil held court beside a curious stone altar older than the Indians.

Davor gab es seit den Hexenprozessen überhaupt keine wilden Legenden mehr, und selbst damals waren diese westlichen Wälder nicht halb so gefürchtet wie die kleine Insel im Miskatonic, wo der Teufel neben einem seltsamen Steinaltar Hof hielt, der älter war als die Indianer.

These were not haunted woods, 11.3
In diesen Wäldern spukte es nicht,

and their fantastic dusk was never terrible till the 11.4
strange days.
und ihre phantastische Dämmerung war bis zu den
seltsamen Tagen nie schrecklich.

Then there had come that white noontide cloud, 11.5
that string of explosions in the air, and that pillar of
smoke from the valley far in the wood.
Dann war diese weiße Mittagswolke gekommen, diese
Kette von Explosionen in der Luft und diese Rauchsäule aus
dem Tal weit im Wald.

And by night all Arkham had heard of the great rock 11.6
that fell out of the sky and bedded itself in the ground
beside the well at the Nahum Gardner place.
Und in der Nacht hatte ganz Arkham von dem großen
Felsen gehört, der aus dem Himmel gefallen war und sich
neben dem Brunnen bei Nahum Gardner in den Boden
eingegraben hatte.

That was the house which had stood where the 11.7
blasted heath was to come -
Das war das Haus, das dort gestanden hatte, wo die
verdammte Heide entstehen sollte -

the trim white Nahum Gardner house amidst its 11.8
fertile gardens and orchards.
das schmucke weiße Haus von Nahum Gardner inmitten
seiner fruchtbaren Gärten und Obstgärten.

12.1 Nahum had come to town to tell people about the stone, and had dropped in at Ammi Pierce's on the way.

Nahum war in die Stadt gekommen, um den Leuten von dem Stein zu erzählen, und hatte auf dem Weg dorthin bei Ammi Pierce vorbeigeschaut.

12.2 Ammi was forty then,

Ammi war damals vierzig Jahre alt,

12.3 and all the queer things were fixed very strongly in his mind.

und all die merkwürdigen Dinge waren in seinem Gedächtnis fest verankert.

12.4 He and his wife had gone with the three professors from Miskatonic University who hastened out the next morning to see the weird visitor from unknown stellar space, and had wondered why Nahum had called it so large the day before.

Er und seine Frau waren mit den drei Professoren der Miskatonic University gegangen, die am nächsten Morgen hinausgeeilt waren, um den seltsamen Besucher aus dem unbekannten Sternenraum zu sehen, und hatten sich gewundert, warum Nahum ihn am Tag zuvor als so groß bezeichnet hatte.

12.5 It had shrunk, Nahum said as he pointed out the big brownish mound above the ripped earth and charred grass near the archaic well-sweep in his front yard;

Er sei geschrumpft, sagte Nahum, als er auf den großen bräunlichen Hügel über der aufgerissenen Erde und dem verkohlten Gras in der Nähe des archaischen Brunnens in seinem Vorgarten zeigte;

12.6 but the wise men answered that stones do not shrink.

aber die Weisen antworteten, dass Steine nicht schrumpfen.

Its heat lingered persistently, and Nahum declared it had glowed faintly in the night.    12.7

Seine Hitze hielt sich hartnäckig, und Nahum erklärte, er habe in der Nacht schwach geglüht.

The professors tried it with a geologist's hammer and found it was oddly soft.    12.8

Die Professoren prüften ihn mit einem Geologenhammer und stellten fest, dass er seltsam weich war.

It was, in truth, so soft as to be almost plastic; and they gouged rather than chipped a specimen to take back to the college for testing.    12.9

Es war in der Tat so weich, dass es fast plastisch war, und sie schlugen ein Exemplar heraus, das sie zur Prüfung mit an die Universität nahmen.

They took it in an old pail borrowed from Nahum's kitchen, for even the small piece refused to grow cool.    12.10

Sie nahmen es in einem alten Eimer mit, den sie sich aus Nahums Küche geliehen hatten, denn selbst das kleine Stück weigerte sich, kalt zu werden.

On the trip back they stopped at Ammi's to rest, and seemed thoughtful when Mrs. Pierce remarked that the fragment was growing smaller and burning the bottom of the pail.    12.11

Auf der Rückfahrt hielten sie bei Ammi an, um sich auszuruhen, und Mrs. Pierce schien nachdenklich zu sein, als sie bemerkte, dass das Fragment immer kleiner wurde und den Boden des Eimers verbrannte.

Truly, it was not large, but perhaps they had taken less than they thought.    12.12

Es war in der Tat nicht groß, aber vielleicht hatten sie weniger genommen, als sie dachten.

13.1 The day after that - all this was in June of '82 -

Am Tag danach - das war im Juni '82 -

13.2 the professors had trooped out again in a great excitement.

waren die Professoren wieder in großer Aufregung losgezogen.

13.3 As they passed Ammi's they told him what queer things the specimen had done, and how it had faded wholly away when they put it in a glass beaker.

Als sie bei Ammi vorbeikamen, erzählten sie ihm, was für seltsame Dinge das Exemplar getan hatte und wie es völlig verschwunden war, als sie es in ein Glasgefäß legten.

13.4 The beaker had gone, too, and the wise men talked of the strange stone's affinity for silicon.

Auch der Becher war verschwunden, und die Weisen erzählten von der Affinität des seltsamen Steins zu Silizium.

13.5 It had acted quite unbelievably in that well-ordered laboratory;

Er hatte sich in diesem wohlgeordneten Labor ganz unglaublich verhalten;

13.6 doing nothing at all and showing no occluded gases when heated on charcoal, being wholly negative in the borax bead, and soon proving itself absolutely non-volatile at any producible temperature, including that of the oxy-hydrogen blowpipe.

er tat überhaupt nichts und zeigte keine eingeschlossenen Gase, wenn er auf Holzkohle erhitzt wurde, war in der Boraxkugel völlig negativ und erwies sich bald als absolut nicht flüchtig bei jeder herstellbaren Temperatur, einschließlich der des Knallgasrohrs.

On an anvil it appeared highly malleable,                      13.7
Auf einem Amboss erschien es sehr formbar,

and in the dark its luminosity was very marked.                13.8
und in der Dunkelheit war seine Leuchtkraft sehr
ausgeprägt.

Stubbornly refusing to grow cool, it soon had the              13.9
college in a state of real excitement;
Da es sich hartnäckig weigerte, abzukühlen, versetzte es
das Kollegium bald in helle Aufregung;

and when upon heating before the spectroscope it               13.10
displayed shining bands unlike any known colours
of the normal spectrum there was much breathless
talk of new elements, bizarre optical properties, and
other things which puzzled men of science are wont
to say when faced by the unknown.
und als es beim Erhitzen vor dem Spektroskop leuchtende
Bänder zeigte, die sich von allen bekannten Farben des
normalen Spektrums unterschieden, war viel atemloses
Gerede über neue Elemente, bizarre optische Eigenschaften
und andere Dinge zu hören, die verwirrte Männer
der Wissenschaft zu sagen pflegen, wenn sie mit dem
Unbekannten konfrontiert werden.

Hot as it was,                                                 14.1
So heiß es auch war,

they tested it in a crucible with all the proper              14.2
reagents.
sie testeten es in einem Schmelztiegel mit allen geeigneten
Reagenzien.

Water did nothing. Hydrochloric acid was the same.            14.3
Wasser bewirkte nichts. Salzsäure war das Gleiche.

14.4 Nitric acid and even aqua regia merely hissed and spattered against its torrid invulnerability.

Salpetersäure und sogar Königswasser zischten und spritzten nur gegen seine glühende Unverwundbarkeit.

14.5 Ammi had difficulty in recalling all these things, but recognized some solvents as I mentioned them in the usual order of use.

Ammi hatte Schwierigkeiten, sich an all diese Dinge zu erinnern, aber er erkannte einige Lösungsmittel wieder, als ich sie in der üblichen Reihenfolge ihrer Verwendung nannte.

14.6 There were ammonia and caustic soda, alcohol and ether, nauseous carbon disulphide and a dozen others;

Es waren Ammoniak und Ätznatron, Alkohol und Äther, ekelerregender Schwefelkohlenstoff und ein Dutzend andere;

14.7 but although the weight grew steadily less as time passed, and the fragment seemed to be slightly cooling, there was no change in the solvents to show that they had attacked the substance at all.

aber obwohl das Gewicht mit der Zeit immer geringer wurde und das Fragment leicht abzukühlen schien, gab es keine Veränderung der Lösungsmittel, die gezeigt hätte, dass sie die Substanz überhaupt angegriffen hätten.

14.8 It was a metal, though, beyond a doubt.

Es handelte sich jedoch zweifellos um ein Metall.

It was magnetic, for one thing; and after its immersion in the acid solvents there seemed to be faint traces of the Widmänstätten figures found on meteoric iron.

14.9

Zum einen war es magnetisch, und nach dem Eintauchen in die sauren Lösungsmittel schienen sich schwache Spuren der Widmänstätten-Figuren zu zeigen, die man auf Meteoreisen findet.

When the cooling had grown very considerable, the testing was carried on in glass; and it was in a glass beaker that they left all the chips made of the original fragment during the work.

14.10

Als die Abkühlung sehr weit fortgeschritten war, wurde die Untersuchung in einem Glas fortgesetzt, und in einem Glasbecher wurden alle Späne aufbewahrt, die während der Arbeit aus dem Originalfragment entstanden waren.

The next morning both chips and beaker were gone without trace, and only a charred spot marked the place on the wooden shelf where they had been.

14.11

Am nächsten Morgen waren sowohl die Späne als auch das Becherglas spurlos verschwunden, und nur ein verkohlter Fleck markierte die Stelle auf dem Holzregal, an der sie gestanden hatten.

All this the professors told Ammi as they paused at his door, and once more he went with them to see the stony messenger from the stars, though this time his wife did not accompany him.

15.1

All das erzählten die Professoren Ammi, als sie vor seiner Tür anhielten, und er ging noch einmal mit ihnen, um den steinernen Sternenboten zu sehen, aber diesmal begleitete ihn seine Frau nicht.

15.2 It had now most certainly shrunk, and even the sober professors could not doubt the truth of what they saw.

Jetzt war er ganz sicher geschrumpft, und selbst die nüchternen Professoren konnten nicht an der Wahrheit dessen zweifeln, was sie sahen.

15.3 All around the dwindling brown lump near the well was a vacant space, except where the earth had caved in;

Rund um den schwindenden braunen Klumpen in der Nähe des Brunnens war ein leerer Raum, außer an den Stellen, an denen die Erde eingebrochen war;

15.4 and whereas it had been a good seven feet across the day before,

und während er am Tag zuvor noch gut sieben Fuß breit gewesen war,

15.5 it was now scarcely five.

waren es jetzt kaum noch fünf.

15.6 It was still hot, and the sages studied its surface curiously as they detached another and larger piece with hammer and chisel.

Er war immer noch heiß, und die Weisen untersuchten neugierig seine Oberfläche, als sie mit Hammer und Meißel ein weiteres, größeres Stück herauslösten.

15.7 They gouged deeply this time, and as they pried away the smaller mass they saw that the core of the thing was not quite homogeneous.

Diesmal schlugen sie tief ein, und als sie die kleinere Masse abtrugen, sahen sie, dass der Kern des Dings nicht ganz homogen war.

They had uncovered what seemed to be the side of a large coloured globule embedded in the substance. 17.1

Sie hatten etwas entdeckt, das die Seite eines großen farbigen Kügelchens zu sein schien, das in die Substanz eingebettet war.

The colour, which resembled some of the bands in the meteor's strange spectrum, was almost impossible to describe; and it was only by analogy that they called it colour at all. 17.2

Die Farbe, die einigen der Bänder im seltsamen Spektrum des Meteors ähnelte, war kaum zu beschreiben, und nur durch Analogie konnten sie sie überhaupt als Farbe bezeichnen.

Its texture was glossy, 17.3

Die Textur war glänzend,

and upon tapping it appeared to promise both brittleness and hollowness. 17.4

und beim Abklopfen schien sie sowohl Sprödigkeit als auch Hohlheit zu versprechen.

One of the professors gave it a smart blow with a hammer, 17.5

Einer der Professoren versetzte ihm einen kräftigen Hammerschlag,

and it burst with a nervous little pop. 17.6

und er zersprang mit einem nervösen Knall.

Nothing was emitted, 17.7

Nichts wurde ausgestoßen,

17.8 and all trace of the thing vanished with the puncturing.

und alle Spuren des Dings verschwanden mit dem Durchstoßen.

17.9 It left behind a hollow spherical space about three inches across, and all thought it probable that others would be discovered as the enclosing substance wasted away.

Zurück blieb ein hohler, kugelförmiger Raum von etwa drei Zentimetern Durchmesser, und alle hielten es für wahrscheinlich, dass mit dem Zerfall der umschließenden Substanz noch weitere entdeckt werden würden.

18.1 Conjecture was vain; so after a futile attempt to find additional globules by drilling, the seekers left again with their new specimen — which proved, however, as baffling in the laboratory as its predecessor.

Nach einem vergeblichen Versuch, durch Bohrungen weitere Kügelchen zu finden, brachen die Forscher mit ihrem neuen Exemplar wieder auf, das sich im Labor jedoch als ebenso rätselhaft erwies wie sein Vorgänger.

18.2 Aside from being almost plastic, having heat, magnetism, and slight luminosity, cooling slightly in powerful acids, possessing an unknown spectrum, wasting away in air, and attacking silicon compounds with mutual destruction as a result, it presented no identifying features whatsoever;

Abgesehen davon, dass es fast plastisch war, Wärme, Magnetismus und eine leichte Leuchtkraft besaß, in starken Säuren leicht abkühlte, ein unbekanntes Spektrum besaß, an der Luft zerfiel und Siliziumverbindungen mit gegenseitiger Zerstörung angriff, wies es keinerlei identifizierende Merkmale auf;

and at the end of the tests the college scientists were 18.3
forced to own that they could not place it.

und am Ende der Tests mussten die Wissenschaftler des
Colleges zugeben, dass sie es nicht einordnen konnten.

It was nothing of this earth, but a piece of the great 18.4
outside; and as such dowered with outside properties
and obedient to outside laws.

Es war nichts von dieser Erde, sondern ein Stück
der großen Außenwelt, und als solches mit äußeren
Eigenschaften ausgestattet und äußeren Gesetzen
gehorchend.

That night there was a thunderstorm, and when the 19.1
professors went out to Nahum's the next day they met
with a bitter disappointment.

In dieser Nacht gab es ein Gewitter, und als die Professoren
am nächsten Tag zu Nahum fuhren, erlebten sie eine
bittere Enttäuschung.

The stone, magnetic as it had been, must have had 19.2
some peculiar electrical property; for it had "drawn
the lightning," as Nahum said, with a singular
persistence.

Der Stein, so magnetisch er auch gewesen war, musste
irgendeine besondere elektrische Eigenschaft haben, denn
er hatte, wie Nahum sagte, "den Blitz angezogen", und
zwar mit einer seltsamen Ausdauer.

19.3 Six times within an hour the farmer saw the lightning strike the furrow in the front yard, and when the storm was over nothing remained but a ragged pit by the ancient well-sweep, half-chocked with caved-in earth.

Sechsmal innerhalb einer Stunde sah der Bauer, wie der Blitz in die Furche im Vorgarten einschlug, und als das Gewitter vorüber war, blieb nichts übrig als eine zerlumpte Grube neben dem alten Brunnenschieber, die halb mit eingesunkener Erde gefüllt war.

19.4 Digging had borne no fruit,

Das Graben hatte keine Früchte getragen,

19.5 and the scientists verified the fact of the utter vanishment.

und die Wissenschaftler bestätigten die Tatsache des völligen Verschwindens.

19.6 The failure was total; so that nothing was left to do but go back to the laboratory and test again the disappearing fragment left carefully cased in lead.

Es blieb also nichts anderes übrig, als ins Labor zurückzukehren und das verschwundene Fragment, das sorgfältig in Blei eingeschlossen war, erneut zu untersuchen.

19.7 That fragment lasted a week,

Dieses Fragment überdauerte eine Woche,

19.8 at the end of which nothing of value had been learned of it.

an deren Ende man nichts Wertvolles über es erfahren hatte.

When it had gone, no residue was left behind, and in 19.9
time the professors felt scarcely sure they had indeed
seen with waking eyes that cryptic vestige of the
fathomless gulfs outside; that lone, weird message
from other universes and other realms of matter,
force, and entity.

Als es verschwunden war, blieb kein Rückstand zurück,
und mit der Zeit waren sich die Professoren kaum noch
sicher, ob sie tatsächlich mit wachen Augen dieses
kryptische Überbleibsel der unergründlichen Klüfte
da draußen gesehen hatten, diese einsame, seltsame
Botschaft aus anderen Universen und anderen Bereichen
von Materie, Kraft und Wesenheit.

As was natural, the Arkham papers made much 20.1
of the incident with its collegiate sponsoring, and
sent reporters to talk with Nahum Gardner and his
family.

Natürlich machten die Zeitungen von Arkham mit ihrem
College-Sponsoring viel Aufhebens von dem Vorfall und
schickten Reporter, um mit Nahum Gardner und seiner
Familie zu sprechen.

At least one Boston daily also sent a scribe, 20.2

Mindestens eine Bostoner Tageszeitung schickte ebenfalls
einen Schreiber,

and Nahum quickly became a kind of local celebrity. 20.3

und Nahum wurde schnell zu einer Art lokaler
Berühmtheit.

He was a lean, genial person of about fifty, living with 20.4
his wife and three sons on the pleasant farmstead in
the valley.

Er war eine schlanke, freundliche Person um die fünfzig
und lebte mit seiner Frau und seinen drei Söhnen auf dem
schönen Bauernhof im Tal.

20.5 He and Ammi exchanged visits frequently, as did their wives; and Ammi had nothing but praise for him after all these years.

Er und Ammi besuchten sich häufig, ebenso wie ihre Frauen, und Ammi hatte nach all den Jahren nur Lob für ihn übrig.

20.6 He seemed slightly proud of the notice his place had attracted, and talked often of the meteorite in the succeeding weeks.

Er schien ein wenig stolz auf die Aufmerksamkeit zu sein, die sein Haus erregt hatte, und sprach in den folgenden Wochen oft von dem Meteoriten.

20.7 That July and August were hot; and Nahum worked hard at his haying in the ten-acre pasture across Chapman's Brook; his rattling wain wearing deep ruts in the shadowy lanes between.

In diesem Juli und August war es heiß, und Nahum arbeitete hart bei der Heuernte auf der zehn Hektar großen Weide jenseits des Chapman's Brook, wobei sein klappernder Wagen tiefe Spurrillen in die schattigen Gassen dazwischen zog.

20.8 The labour tired him more than it had in other years, and he felt that age was beginning to tell on him.

Die Arbeit ermüdete ihn mehr als in anderen Jahren, und er spürte, dass ihm das Alter langsam zu schaffen machte.

21.1 Then fell the time of fruit and harvest.

Dann kam die Zeit der Früchte und der Ernte.

21.2 The pears and apples slowly ripened, and Nahum vowed that his orchards were prospering as never before.

Die Birnen und Äpfel wurden langsam reif, und Nahum schwor, dass seine Obstgärten so gut gediehen wie nie zuvor.

The fruit was growing to phenomenal size and unwonted gloss, and in such abundance that extra barrels were ordered to handle the future crop.

21.3

Die Früchte wuchsen zu phänomenaler Größe und ungewohntem Glanz heran, und zwar in solcher Fülle, dass zusätzliche Fässer bestellt wurden, um die künftige Ernte zu bewältigen.

But with the ripening came sore disappointment,

21.4

Doch mit der Reifung kam die große Enttäuschung,

for of all that gorgeous array of specious lusciousness not one single jot was fit to eat.

21.5

denn von all der prächtigen Fülle an Köstlichkeiten war kein einziges Stück genießbar.

Into the fine flavour of the pears and apples had crept a stealthy bitterness and sickishness,

21.6

In den feinen Geschmack der Birnen und Äpfel hatte sich eine schleichende Bitterkeit und Kränklichkeit eingeschlichen,

so that even the smallest of bites induced a lasting disgust.

21.7

so dass selbst der kleinste Bissen einen dauerhaften Ekel hervorrief.

It was the same with the melons and tomatoes, and Nahum sadly saw that his entire crop was lost.

21.8

Das Gleiche galt für die Melonen und Tomaten, und Nahum musste traurig feststellen, dass seine gesamte Ernte verloren war.

21.9 Quick to connect events, he declared that the meteorite had poisoned the soil, and thanked Heaven that most of the other crops were in the upland lot along the road.

Schnell stellte er einen Zusammenhang zwischen den Ereignissen her und erklärte, dass der Meteorit den Boden vergiftet hatte, und dankte dem Himmel, dass die meisten anderen Feldfrüchte auf den Feldern entlang der Straße standen.

---

23.1 Winter came early, and was very cold.

Der Winter kam früh, und es war sehr kalt.

23.2 Ammi saw Nahum less often than usual, and observed that he had begun to look worried.

Ammi sah Nahum seltener als sonst und bemerkte, dass er begann, besorgt auszusehen.

23.3 The rest of his family too,

Auch der Rest seiner Familie schien wortkarg geworden zu sein und war weit davon entfernt,

23.4 seemed to have grown taciturn; and were far from steady in their churchgoing or their attendance at the various social events of the countryside.

regelmäßig in die Kirche zu gehen oder an den verschiedenen gesellschaftlichen Ereignissen auf dem Lande teilzunehmen.

23.5 For this reserve or melancholy no cause could be found,

Für diese Zurückhaltung oder Melancholie konnte keine Ursache gefunden werden,

though all the household confessed now and then to poorer health and a feeling of vague disquiet.

23.6

obwohl alle im Haushalt hin und wieder eine schlechtere Gesundheit und ein Gefühl vager Beunruhigung zugaben.

Nahum himself gave the most definite statement of anyone when he said he was disturbed about certain footprints in the snow.

23.7

Nahum selbst gab die eindeutigste Erklärung von allen ab, als er sagte, er sei beunruhigt über bestimmte Fußabdrücke im Schnee.

They were the usual winter prints of red squirrels, white rabbits, and foxes, but the brooding farmer professed to see something not quite right about their nature and arrangement.

23.8

Es handelte sich um die üblichen Winterabdrücke von roten Eichhörnchen, weißen Kaninchen und Füchsen, aber der grüblerische Bauer gab an, dass etwas an ihrer Art und Anordnung nicht stimmte.

He was never specific, but appeared to think that they were not as characteristic of the anatomy and habits of squirrels and rabbits and foxes as they ought to be.

23.9

Er sagte nichts Genaues, schien aber der Meinung zu sein, dass sie nicht so charakteristisch für die Anatomie und die Gewohnheiten von Eichhörnchen, Kaninchen und Füchsen waren, wie sie es sein sollten.

Ammi listened without interest to this talk until one night when he drove past Nahum's house in his sleigh on the way back from Clark's Corners.

23.10

Ammi hörte diesem Gespräch ohne Interesse zu, bis er eines Nachts auf dem Rückweg von Clark's Corners mit seinem Schlitten an Nahums Haus vorbeifuhr.

23.11 There had been a moon, and a rabbit had run across the road; and the leaps of that rabbit were longer than either Ammi or his horse liked.

Es war Mond gewesen, und ein Kaninchen war über die Straße gelaufen, und die Sprünge dieses Kaninchens waren länger, als es Ammi und seinem Pferd lieb war.

23.12 The latter, indeed, had almost run away when brought up by a firm rein.

Letzteres war sogar fast weggelaufen, als es durch einen festen Zügel aufgehalten wurde.

23.13 Thereafter Ammi gave Nahum's tales more respect,

Danach schenkte Ammi Nahums Erzählungen mehr Beachtung und wunderte sich,

23.14 and wondered why the Gardner dogs seemed so cowed and quivering every morning.

warum die Gardner-Hunde jeden Morgen so verängstigt und zittrig wirkten.

23.15 They had, it developed, nearly lost the spirit to bark.

Sie hatten, wie sich herausstellte, fast den Mut zum Bellen verloren.

24.1 In February the McGregor boys from Meadow Hill were out shooting woodchucks, and not far from the Gardner place bagged a very peculiar specimen.

Im Februar waren die McGregor-Jungs aus Meadow Hill auf der Jagd nach Murmeltieren und erlegten nicht weit von Gardner entfernt ein sehr merkwürdiges Exemplar.

The proportions of its body seemed slightly altered 24.2
in a queer way impossible to describe, while its face
had taken on an expression which no one ever saw in
a woodchuck before.

Die Proportionen seines Körpers schienen auf eine
seltsame, nicht zu beschreibende Weise leicht verändert zu
sein, und sein Gesicht hatte einen Ausdruck angenommen,
den noch nie jemand bei einem Murmeltier gesehen hatte.

The boys were genuinely frightened, and threw the 24.3
thing away at once, so that only their grotesque tales
of it ever reached the people of the countryside.

Die Jungen waren wirklich erschrocken und warfen das
Tier sofort weg, so dass die Leute auf dem Lande nur noch
ihre grotesken Erzählungen darüber hörten.

But the shying of horses near Nahum's house had 24.4
now become an acknowledged thing,

Aber das Scheuen der Pferde in der Nähe von Nahums Haus
war nun eine bekannte Sache geworden,

and all the basis for a cycle of whispered legend was 24.5
fast taking form.

und der ganze Grundstock für einen Zyklus von
geflüsterten Legenden nahm schnell Gestalt an.

People vowed that the snow melted faster around 25.1
Nahum's than it did anywhere else, and early in
March there was an awed discussion in Potter's
general store at Clark's Corners.

Die Leute schworen, dass der Schnee in der Nähe von
Nahum's schneller schmolz als anderswo, und Anfang
März gab es in Potters Gemischtwarenladen in Clark's
Corners eine ehrfürchtige Diskussion.

25.2 Stephen Rice had driven past Gardner's in the morning,

Stephen Rice war am Morgen an Gardner's vorbeigefahren und hatte die Stinktierkohlköpfe bemerkt,

25.3 and had noticed the skunk-cabbages coming up through the mud by the woods across the road.

die am Waldrand auf der anderen Straßenseite aus dem Schlamm ragten.

25.4 Never were things of such size seen before, and they held strange colours that could not be put into any words.

Nie zuvor hatte man etwas von solcher Größe gesehen, und sie hatten seltsame Farben, die sich nicht in Worte fassen ließen.

25.5 Their shapes were monstrous, and the horse had snorted at an odour which struck Stephen as wholly unprecedented.

Ihre Formen waren monströs, und das Pferd hatte bei einem Geruch geschnaubt, der Stephen als völlig neuartig vorkam.

25.6 That afternoon several persons drove past to see the abnormal growth, and all agreed that plants of that kind ought never to sprout in a healthy world.

An diesem Nachmittag fuhren mehrere Personen vorbei, um das abnorme Wachstum zu sehen, und alle waren sich einig, dass solche Pflanzen in einer gesunden Welt niemals sprießen dürften.

25.7 The bad fruit of the fall before was freely mentioned, and it went from mouth to mouth that there was poison in Nahum's ground.

Die schlechten Früchte des vorangegangenen Herbstes wurden freimütig erwähnt, und es ging von Mund zu Mund, dass in Nahums Boden Gift sei.

Of course it was the meteorite; 25.8

Natürlich war es der Meteorit;

and remembering how strange the men from the 25.9
college had found that stone to be, several farmers
spoke about the matter to them.

und da sie sich daran erinnerten, wie seltsam die Männer
vom College diesen Stein gefunden hatten, sprachen
mehrere Bauern mit ihnen über diese Angelegenheit.

One day they paid Nahum a visit; but having no love 26.1
of wild tales and folklore were very conservative in
what they inferred.

Eines Tages statteten sie Nahum einen Besuch ab, aber da
sie keine Vorliebe für wilde Geschichten und Folklore
hatten, waren sie mit ihren Schlussfolgerungen sehr
zurückhaltend.

The plants were certainly odd, 26.2

Die Pflanzen waren sicherlich seltsam,

but all skunk-cabbages are more or less odd in shape 26.3
and hue.

aber alle Stinkkohlarten sind mehr oder weniger seltsam in
Form und Farbe.

Perhaps some mineral element from the stone had 26.4
entered the soil,

Vielleicht war ein mineralisches Element aus dem Stein in
den Boden gelangt,

but it would soon be washed away. 26.5

aber das würde bald wieder ausgewaschen werden.

And as for the footprints and frightened horses - 26.6

Und was die Fußabdrücke und die verängstigten Pferde
anging -

26.7 of course this was mere country talk which such a phenomenon as the aerolite would be certain to start.

das war natürlich nur Gerede, das ein Phänomen wie das Aerolith mit Sicherheit auslösen würde.

26.8 There was really nothing for serious men to do in cases of wild gossip,

Ernstzunehmende Menschen konnten bei wildem Geschwätz nichts ausrichten,

26.9 for superstitious rustics will say and believe anything.

denn abergläubische Landbewohner sagen und glauben alles.

26.10 And so all through the strange days the professors stayed away in contempt.

Und so blieben die Professoren während der ganzen seltsamen Tage verächtlich weg.

26.11 Only one of them, when given two phials of dust for analysis in a police job over a year and a half later, recalled that the queer colour of that skunk-cabbage had been very like one of the anomalous bands of light shown by the meteor fragment in the college spectroscope, and like the brittle globule found imbedded in the stone from the abyss.

Nur einer von ihnen erinnerte sich, als er anderthalb Jahre später bei einem Polizeieinsatz zwei Fläschchen mit Staub zur Analyse erhielt, dass die seltsame Farbe des Stinktierkohls einer der anomalen Lichtstreifen ähnelte, die das Meteoritenfragment im Spektroskop der Universität zeigte, und der spröden Kugel, die man in dem Stein aus dem Abgrund gefunden hatte.

The samples in this analysis case gave the same odd bands at first,

26.12

Die Proben in diesem Analysefall zeigten anfangs dieselben seltsamen Banden,

though later they lost the property.

26.13

später verloren sie jedoch diese Eigenschaft.

The trees budded prematurely around Nahum's,

27.1

Die Bäume um Nahums Haus trieben vorzeitig aus,

and at night they swayed ominously in the wind.

27.2

und nachts schwankten sie bedrohlich im Wind.

Nahum's second son Thaddeus, a lad of fifteen, swore that they swayed also when there was no wind; but even the gossips would not credit this.

27.3

Nahums zweiter Sohn Thaddeus, ein Junge von fünfzehn Jahren, schwor, dass sie auch bei Windstille schwankten, aber selbst die Klatschbasen wollten das nicht glauben.

Certainly, however, restlessness was in the air.

27.4

Sicher war jedoch, dass Unruhe in der Luft lag.

The entire Gardner family developed the habit of stealthy listening, though not for any sound which they could consciously name.

27.5

Die gesamte Familie Gardner entwickelte die Gewohnheit, heimlich zu lauschen, wenn auch nicht auf ein Geräusch, das sie bewusst benennen konnten.

The listening was, indeed, rather a product of moments when consciousness seemed half to slip away.

27.6

Das Lauschen war vielmehr ein Produkt von Momenten, in denen das Bewusstsein halb zu entgleiten schien.

27.7 Unfortunately such moments increased week by week, till it became common speech that

Leider häuften sich solche Momente von Woche zu Woche, bis es zum Allgemeingut wurde, dass

27.8 "something was wrong with all Nahum's folks."

"mit allen Leuten von Nahum etwas nicht stimmte."

27.9 When the early saxifrage came out it had another strange colour; not quite like that of the skunk-cabbage, but plainly related and equally unknown to anyone who saw it.

Als der frühe Steinbrech aufblühte, hatte er eine andere seltsame Farbe, nicht ganz so wie der Stinkkohl, aber eindeutig verwandt und ebenso unbekannt für jeden, der ihn sah.

27.10 Nahum took some blossoms to Arkham and showed them to the editor of the Gazette, but that dignitary did no more than write a humorous article about them, in which the dark fears of rustics were held up to polite ridicule.

Nahum nahm einige Blüten mit nach Arkham und zeigte sie dem Herausgeber der Gazette, aber dieser schrieb lediglich einen humorvollen Artikel darüber, in dem die dunklen Ängste der Landbevölkerung der Lächerlichkeit preisgegeben wurden.

27.11 It was a mistake of Nahum's to tell a stolid city man about the way the great, overgrown mourning-cloak butterflies behaved in connection with these saxifrages.

Es war ein Fehler von Nahum, einem behäbigen Stadtmenschen zu erzählen, wie sich die großen, überwucherten Trauermantelschmetterlinge in Verbindung mit diesen Saxifrages verhalten.

April brought a kind of madness to the country folk, and began that disuse of the road past Nahum's which led to its ultimate abandonment.

28.1

Der April brachte die Landbevölkerung in eine Art Wahnsinn, und es begann die Verwahrlosung der Straße nach Nahum, die schließlich zu ihrer Aufgabe führte.

It was next the vegetation.

28.2

Als nächstes war die Vegetation an der Reihe.

All the orchard trees blossomed forth in strange colours, and through the stony soil of the yard and adjacent pasturage there sprang up a bizarre growth which only a botanist could connect with the proper flora of the region.

28.3

Alle Obstbäume blühten in seltsamen Farben, und auf dem steinigen Boden des Hofes und der angrenzenden Weide wuchs ein bizarres Gewächs, das nur ein Botaniker mit der eigentlichen Flora der Region in Verbindung bringen konnte.

No sane wholesome colours were anywhere to be seen except in the green grass and leafage;

28.4

Nirgendwo waren gesunde, gesunde Farben zu sehen, außer im grünen Gras und im Laub;

but everywhere were those hectic and prismatic variants of some diseased, underlying primary tone without a place among the known tints of earth.

28.5

aber überall gab es diese hektischen und prismatischen Varianten eines kranken, unterschwelligen Grundtons, der keinen Platz unter den bekannten Farbtönen der Erde hatte.

The "Dutchman's breeches"

28.6

Die "Dutchman's breeches"

28.7 **became a thing of sinister menace,**
wurden zu einer unheimlichen Bedrohung,

28.8 **and the bloodroots grew insolent in their chromatic perversion.**
und die Blutwurzeln wurden in ihrer chromatischen Perversion unverschämt.

28.9 **Ammi and the Gardners thought that most of the colours had a sort of haunting familiarity, and decided that they reminded one of the brittle globule in the meteor.**
Ammi und die Gardners waren der Meinung, dass die meisten Farben eine gespenstische Vertrautheit besaßen, und beschlossen, dass sie an das spröde Kügelchen im Meteor erinnerten.

28.10 **Nahum ploughed and sowed the ten-acre pasture and the upland lot,**
Nahum pflügte und säte die zehn Morgen Weide und das Hochlandgrundstück,

28.11 **but did nothing with the land around the house.**
aber er tat nichts mit dem Land um das Haus herum.

28.12 **He knew it would be of no use, and hoped that the summer's strange growths would draw all the poison from the soil.**
Er wusste, dass es nichts nützen würde, und hoffte, dass die seltsamen Gewächse des Sommers dem Boden alles Gift entziehen würden.

28.13 **He was prepared for almost anything now, and had grown used to the sense of something near him waiting to be heard.**
Er war jetzt auf fast alles vorbereitet und hatte sich an das Gefühl gewöhnt, dass etwas in seiner Nähe darauf wartete, gehört zu werden.

The shunning of his house by neighbours told on him, of course; but it told on his wife more. 28.14

Dass sein Haus von den Nachbarn gemieden wurde, machte ihm natürlich zu schaffen, aber noch mehr machte es seiner Frau zu schaffen.

The boys were better off, being at school each day; but they could not help being frightened by the gossip. 28.15

Den Jungen ging es besser, da sie jeden Tag in der Schule waren, aber sie konnten nicht verhindern, dass der Klatsch und Tratsch ihnen Angst machte.

Thaddeus, an especially sensitive youth, suffered the most. 28.16

Thaddäus, ein besonders sensibler Junge, litt am meisten.

---

In May the insects came, 30.1

Im Mai kamen die Insekten,

and Nahum's place became a nightmare of buzzing and crawling. 30.2

und Nahums Wohnung wurde zu einem Alptraum aus Summen und Krabbeln.

Most of the creatures seemed not quite usual in their aspects and motions, 30.3

Die meisten der Kreaturen schienen in ihrer Erscheinung und ihren Bewegungen nicht ganz normal zu sein,

and their nocturnal habits contradicted all former experience. 30.4

und ihre nächtlichen Gewohnheiten widersprachen allen früheren Erfahrungen.

30.5 The Gardners took to watching at night — watching in all directions at random for something they could not tell what.

Die Gardners begannen, nachts in alle Richtungen zu wachen und nach etwas Ausschau zu halten, von dem sie nicht wussten, was es war.

30.6 It was then that they all owned that Thaddeus had been right about the trees.

In diesem Moment erkannten sie alle, dass Thaddeus mit den Bäumen recht gehabt hatte.

30.7 Mrs. Gardner was the next to see it from the window as she watched the swollen boughs of a maple against a moonlit sky.

Mrs. Gardner war die nächste, die es vom Fenster aus sah, als sie die geschwollenen Äste eines Ahorns vor dem mondbeschienenen Himmel betrachtete.

30.8 The boughs surely moved, and there was no wind.

Die Äste bewegten sich sicher, und es war windstill.

30.9 It must be the sap.

Das musste der Saft sein.

30.10 Strangeness had come into everything growing now.

Alles, was jetzt wuchs, war fremdartig geworden.

30.11 Yet it was none of Nahum's family at all who made the next discovery.

Doch es war niemand aus Nahums Familie, der die nächste Entdeckung machte.

Familiarity had dulled them, and what they could not see was glimpsed by a timid windmill salesman from Bolton who drove by one night in ignorance of the country legends.

30.12

Die Vertrautheit hatte sie abgestumpft, und was sie nicht sehen konnten, erblickte ein schüchterner Windmühlenverkäufer aus Bolton, der eines Nachts in Unkenntnis der Legenden des Landes vorbeifuhr.

What he told in Arkham was given a short paragraph in the Gazette; and it was there that all the farmers, Nahum included, saw it first.

30.13

Was er in Arkham erzählte, stand in einem kurzen Absatz in der Gazette, und dort sahen es alle Bauern, auch Nahum, als erstes.

The night had been dark and the buggy-lamps faint, but around a farm in the valley which everyone knew from the account must be Nahum's, the darkness had been less thick.

30.14

Die Nacht war dunkel und die Wagenlampen schwach, aber in der Nähe eines Hofes im Tal, von dem jeder wusste, dass es Nahums Hof sein musste, war die Dunkelheit weniger dicht.

A dim though distinct luminosity seemed to inhere in all the vegetation, grass, leaves, and blossoms alike, while at one moment a detached piece of the phosphorescence appeared to stir furtively in the yard near the barn.

30.15

Ein schwaches, aber deutliches Leuchten schien der gesamten Vegetation, dem Gras, den Blättern und den Blüten gleichermaßen, anzuhaften, und in einem Moment schien sich ein losgelöstes Stück der Phosphoreszenz heimlich auf dem Hof in der Nähe der Scheune zu bewegen.

31.1 The grass had so far seemed untouched, and the cows were freely pastured in the lot near the house, but toward the end of May the milk began to be bad.

Das Gras schien bisher unberührt, und die Kühe weideten frei auf dem Grundstück in der Nähe des Hauses, aber gegen Ende Mai begann die Milch schlecht zu werden.

31.2 Then Nahum had the cows driven to the uplands,

Daraufhin ließ Nahum die Kühe auf das Hochland treiben,

31.3 after which this trouble ceased.

woraufhin die Probleme aufhörten.

31.4 Not long after this the change in grass and leaves became apparent to the eye.

Nicht lange danach wurde die Veränderung des Grases und des Laubes für das Auge sichtbar.

31.5 All the verdure was going grey, and was developing a highly singular quality of brittleness.

Das gesamte Grün wurde grau und entwickelte eine höchst eigenartige Sprödigkeit.

31.6 Ammi was now the only person who ever visited the place, and his visits were becoming fewer and fewer.

Ammi war nun der einzige Mensch, der den Ort besuchte, und seine Besuche wurden immer seltener.

31.7 When school closed the Gardners were virtually cut off from the world,

Wenn die Schule schloss,

31.8 and sometimes let Ammi do their errands in town.

waren die Gardners praktisch von der Welt abgeschnitten und ließen Ammi manchmal ihre Besorgungen in der Stadt machen.

They were failing curiously both physically and mentally, and no one was surprised when the news of Mrs. Gardner's madness stole around.

Sie waren sowohl körperlich als auch geistig in einem merkwürdigen Zustand, und niemand war überrascht, als die Nachricht von Mrs. Gardners Wahnsinn die Runde machte.

31.9

It happened in June, about the anniversary of the meteor's fall, and the poor woman screamed about things in the air which she could not describe.

Es geschah im Juni, ungefähr am Jahrestag des Meteoriteneinschlags, und die arme Frau schrie über Dinge in der Luft, die sie nicht beschreiben konnte.

32.1

In her raving there was not a single specific noun,

In ihrem Toben gab es kein einziges bestimmtes Substantiv,

32.2

but only verbs and pronouns.

sondern nur Verben und Pronomen.

32.3

Things moved and changed and fluttered, and ears tingled to impulses which were not wholly sounds.

Die Dinge bewegten sich und veränderten sich und flatterten, und die Ohren kribbelten bei Impulsen, die nicht nur Töne waren.

32.4

Something was taken away - she was being drained of something -

Etwas wurde ihr weggenommen - ihr wurde etwas entzogen -

32.5

something was fastening itself on her that ought not to be -

etwas heftete sich an sie, das nicht sein sollte -

32.6

32.7 someone must make it keep off -

jemand musste dafür sorgen, dass es wegging -

32.8 nothing was ever still in the night -

nichts war jemals still in der Nacht -

32.9 the walls and windows shifted.

die Wände und Fenster bewegten sich.

32.10 Nahum did not send her to the county asylum, but let her wander about the house as long as she was harmless to herself and others.

Nahum schickte sie nicht in die Irrenanstalt, sondern ließ sie im Haus umherwandern, solange sie für sich und andere ungefährlich war.

32.11 Even when her expression changed he did nothing.

Selbst als sich ihr Gesichtsausdruck veränderte, unternahm er nichts.

32.12 But when the boys grew afraid of her, and Thaddeus nearly fainted at the way she made faces at him, he decided to keep her locked in the attic.

Aber als die Jungen Angst vor ihr bekamen und Thaddäus fast in Ohnmacht fiel, weil sie ihm Grimassen schnitt, beschloss er, sie auf dem Dachboden einzusperren.

32.13 By July she had ceased to speak and crawled on all fours, and before that month was over Nahum got the mad notion that she was slightly luminous in the dark, as he now clearly saw was the case with the nearby vegetation.

Im Juli hatte sie aufgehört zu sprechen und kroch auf allen Vieren, und noch vor Ende des Monats kam Nahum auf die verrückte Idee, dass sie im Dunkeln ein wenig leuchtete, wie er es bei der nahe gelegenen Vegetation deutlich sah.

It was a little before this that the horses had stampeded. 33.1

Kurz zuvor waren die Pferde in Panik geraten.

Something had aroused them in the night, 33.2

Irgendetwas hatte sie in der Nacht aufgeschreckt,

and their neighing and kicking in their stalls had been terrible. 33.3

und ihr Wiehern und Treten in ihren Boxen war schrecklich gewesen.

There seemed virtually nothing to do to calm them, and when Nahum opened the stable door they all bolted out like frightened woodland deer. 33.4

Es schien fast unmöglich, sie zu beruhigen, und als Nahum die Stalltür öffnete, stürmten sie alle wie verängstigte Waldhirsche hinaus.

It took a week to track all four, and when found they were seen to be quite useless and unmanageable. 33.5

Es dauerte eine Woche, um alle vier aufzuspüren, und als man sie fand, waren sie völlig nutzlos und unkontrollierbar.

Something had snapped in their brains, 33.6

Irgendetwas war in ihren Gehirnen zerbrochen,

and each one had to be shot for its own good. 33.7

und jedes einzelne musste zu seinem eigenen Besten erschossen werden.

Nahum borrowed a horse from Ammi for his haying, 33.8

Nahum lieh sich von Ammi ein Pferd für die Heuernte,

but found it would not approach the barn. 33.9

aber es wollte nicht in den Stall.

33.10 It shied, balked, and whinnied, and in the end he could do nothing but drive it into the yard while the men used their own strength to get the heavy wagon near enough the hayloft for convenient pitching.

Es scheute, sträubte sich und wieherte, und am Ende konnte er nichts anderes tun, als es in den Hof zu treiben, während die Männer den schweren Wagen mit eigener Kraft nahe genug an den Heuboden heranbrachten, um ihn bequem aufzustellen.

33.11 And all the while the vegetation was turning grey and brittle.

Die ganze Zeit über wurde die Vegetation grau und brüchig.

33.12 Even the flowers whose hues had been so strange were graying now, and the fruit was coming out grey and dwarfed and tasteless.

Sogar die Blumen, deren Farben so seltsam gewesen waren, vergrauten jetzt, und die Früchte wurden grau und zwergenhaft und geschmacklos.

33.13 The asters and goldenrod bloomed grey and distorted, and the roses and zinnias and hollyhocks in the front yard were such blasphemous-looking things that Nahum's oldest boy Zenas cut them down.

Die Astern und Goldruten blühten grau und verzerrt, und die Rosen, Zinnien und Stockrosen im Vorgarten sahen so gotteslästerlich aus, dass Nahums ältester Junge Zenas sie abschnitt.

33.14 The strangely puffed insects died about that time, even the bees that had left their hives and taken to the woods.

Die seltsam aufgeblasenen Insekten starben um diese Zeit, sogar die Bienen, die ihre Bienenstöcke verlassen hatten und in den Wald gegangen waren.

By September all the vegetation was fast crumbling to a greyish powder, and Nahum feared that the trees would die before the poison was out of the soil.    34.1

Im September zerfiel die gesamte Vegetation zu einem gräulichen Pulver, und Nahum befürchtete, dass die Bäume absterben würden, bevor das Gift aus dem Boden verschwunden war.

His wife now had spells of terrific screaming,    34.2

Seine Frau hatte nun Anfälle von furchtbarem Geschrei,

and he and the boys were in a constant state of nervous tension.    34.3

und er und die Jungen befanden sich in einem ständigen Zustand nervöser Anspannung.

They shunned people now, and when school opened the boys did not go.    34.4

Sie mieden nun Menschen, und wenn die Schule begann, gingen die Jungen nicht hin.

But it was Ammi, on one of his rare visits, who first realized that the well water was no longer good.    34.5

Aber es war Ammi, der bei einem seiner seltenen Besuche zum ersten Mal bemerkte, dass das Brunnenwasser nicht mehr gut war.

It had an evil taste that was not exactly fetid nor exactly salty, and Ammi advised his friend to dig another well on higher ground to use till the soil was good again.    34.6

Es hatte einen üblen Geschmack, der weder fett noch salzig war, und Ammi riet seinem Freund, einen anderen Brunnen auf höherem Boden zu graben, bis der Boden wieder gut sei.

34.7 Nahum, however, ignored the warning, for he had by that time become calloused to strange and unpleasant things.
Nahum jedoch ignorierte die Warnung, denn er war inzwischen abgestumpft gegenüber seltsamen und unangenehmen Dingen.

34.8 He and the boys continued to use the tainted supply,
Er und die Jungen benutzten weiterhin den verdorbenen Vorrat und tranken ihn ebenso lustlos und mechanisch,

34.9 drinking it as listlessly and mechanically as they ate their meagre and ill-cooked meals and did their thankless and monotonous chores through the aimless days.
wie sie ihre mageren und schlecht gekochten Mahlzeiten zu sich nahmen und ihre undankbaren und eintönigen Arbeiten während der ziellosen Tage verrichteten.

34.10 There was something of stolid resignation about them all,
Sie alle hatten etwas von stumpfer Resignation an sich,

34.11 as if they walked half in another world between lines of nameless guards to a certain and familiar doom.
als ob sie in einer anderen Welt zwischen Reihen namenloser Wachen einem sicheren und vertrauten Untergang entgegengingen.

35.1 Thaddeus went mad in September after a visit to the well.
Thaddäus wurde im September nach einem Besuch am Brunnen verrückt.

He had gone with a pail and had come back empty-
handed, shrieking and waving his arms, and
sometimes lapsing into an inane titter or a whisper
about "the moving colours down there."

35.2

Er war mit einem Eimer gegangen und mit leeren Händen
zurückgekommen, hatte geschrien und mit den Armen
gefuchtelt und war manchmal in ein albernes Gekicher
oder Geflüster über "die bewegten Farben da unten"
verfallen."

Two in one family was pretty bad,

35.3

Zwei in einer Familie war ziemlich schlimm,

but Nahum was very brave about it.

35.4

aber Nahum war sehr tapfer.

He let the boy run about for a week until he began
stumbling and hurting himself, and then he shut him
in an attic room across the hall from his mother's.

35.5

Er ließ den Jungen eine Woche lang herumlaufen, bis
er anfing zu stolpern und sich zu verletzen, und dann
sperrte er ihn in ein Zimmer auf dem Dachboden ein, das
gegenüber der Wohnung seiner Mutter lag.

The way they screamed at each other from behind
their locked doors was very terrible, especially
to little Merwin, who fancied they talked in some
terrible language that was not of earth.

35.6

Die Art und Weise, wie sie sich hinter ihren verschlossenen
Türen anschrieen, war sehr schrecklich, besonders für
den kleinen Merwin, der sich einbildete, dass sie in einer
schrecklichen Sprache sprachen, die nicht von der Erde
war.

35.7 **Merwin was getting frightfully imaginative, and his restlessness was worse after the shutting away of the brother who had been his greatest playmate.**

Merwin wurde furchtbar phantasievoll, und seine Unruhe war noch schlimmer, nachdem der Bruder, der sein bester Spielkamerad gewesen war, weggeschlossen worden war.

36.1 **Almost at the same time the mortality among the livestock commenced.**

Fast zur gleichen Zeit begann die Sterblichkeit unter dem Viehbestand.

36.2 **Poultry turned greyish and died very quickly,**

Das Geflügel wurde gräulich und starb sehr schnell,

36.3 **their meat being found dry and noisome upon cutting.**

sein Fleisch wurde beim Zerlegen als trocken und übelriechend empfunden.

36.4 **Hogs grew inordinately fat, then suddenly began to undergo loathsome changes which no one could explain.**

Die Schweine wurden übermäßig fett, und dann begannen sie plötzlich eine ekelhafte Veränderung, die niemand erklären konnte.

36.5 **Their meat was of course useless,**

Ihr Fleisch war natürlich unbrauchbar,

36.6 **and Nahum was at his wit's end.**

und Nahum war mit seinem Latein am Ende.

36.7 **No rural veterinary would approach his place,**

Kein Landtierarzt wollte sich ihm nähern,

and the city veterinary from Arkham was openly baffled.   36.8
und der Stadttierarzt von Arkham war völlig ratlos.

The swine began growing grey and brittle and falling to pieces before they died, and their eyes and muzzles developed singular alterations.   36.9
Die Schweine begannen, grau und brüchig zu werden und in Stücke zu fallen, bevor sie starben, und ihre Augen und Schnauzen wiesen merkwürdige Veränderungen auf.

It was very inexplicable,   36.10
Es war sehr unerklärlich,

for they had never been fed from the tainted vegetation.   36.11
denn sie waren nie mit der verdorbenen Vegetation gefüttert worden.

Then something struck the cows.   36.12
Dann fiel den Kühen etwas auf.

Certain areas or sometimes the whole body would be uncannily shrivelled or compressed,   36.13
Bestimmte Bereiche oder manchmal der ganze Körper wurden auf unheimliche Weise verschrumpelt oder zusammengedrückt,

and atrocious collapses or disintegrations were common.   36.14
und grausame Zusammenbrüche oder Zerfallserscheinungen waren an der Tagesordnung.

In the last stages - and death was always the result -   36.15
In den letzten Stadien - und der Tod war immer die Folge -

36.16 **there would be a greying and turning brittle like that which beset the hogs.**

kam es zu einer Vergrauung und Versprödung wie bei den Schweinen.

36.17 **There could be no question of poison,**

Von Gift konnte keine Rede sein,

36.18 **for all the cases occurred in a locked and undisturbed barn.**

denn alle Fälle ereigneten sich in einem verschlossenen und ungestörten Stall.

36.19 **No bites of prowling things could have brought the virus,**

Kein Biss von herumstreunenden Tieren konnte das Virus übertragen haben,

36.20 **for what live beast of earth can pass through solid obstacles?**

denn welches lebende Tier auf der Erde kann feste Hindernisse überwinden?

36.21 **It must be only natural disease -**

Es konnte sich nur um eine natürliche Krankheit handeln -

36.22 **yet what disease could wreak such results was beyond any mind's guessing.**

doch welche Krankheit solche Folgen haben konnte, lag jenseits aller Vorstellungskraft.

36.23 **When the harvest came there was not an animal surviving on the place, for the stock and poultry were dead and the dogs had run away.**

Als die Ernte eintrat, gab es kein einziges Tier mehr auf dem Hof, denn das Vieh und das Geflügel waren tot und die Hunde waren weggelaufen.

These dogs, three in number, had all vanished one night and were never heard of again. 36.24

Diese Hunde, drei an der Zahl, waren alle eines Nachts verschwunden und man hat nie wieder von ihnen gehört.

The five cats had left some time before, but their going was scarcely noticed since there now seemed to be no mice, and only Mrs. Gardner had made pets of the graceful felines. 36.25

Die fünf Katzen waren schon vor einiger Zeit weggegangen, aber ihr Verschwinden wurde kaum bemerkt, denn es schien keine Mäuse mehr zu geben, und nur Frau Gardner hatte die anmutigen Tiere zu Haustieren gemacht.

On the nineteenth of October Nahum staggered into Ammi's house with hideous news. 38.1

Am neunzehnten Oktober taumelte Nahum mit einer schrecklichen Nachricht in Ammis Haus.

The death had come to poor Thaddeus in his attic room, and it had come in a way which could not be told. 38.2

Der arme Thaddeus war in seiner Dachkammer gestorben, und zwar auf eine Art und Weise, die man nicht erzählen kann.

Nahum had dug a grave in the railed family plot behind the farm, 38.3

Nahum hatte auf dem umzäunten Familiengrundstück hinter dem Hof ein Grab ausgehoben und hineingelegt,

and had put therein what he found. 38.4

was er fand.

38.5　There could have been nothing from outside,

Von außen konnte nichts zu sehen sein,

38.6　for the small barred window and locked door were intact;

denn das kleine vergitterte Fenster und die verschlossene Tür waren unversehrt;

38.7　but it was much as it had been in the barn.

aber es war alles so, wie es in der Scheune gewesen war.

38.8　Ammi and his wife consoled the stricken man as best they could, but shuddered as they did so.

Ammi und seine Frau trösteten den angeschlagenen Mann, so gut sie konnten, aber es schauderte sie dabei.

38.9　Stark terror seemed to cling round the Gardners and all they touched, and the very presence of one in the house was a breath from regions unnamed and unnameable.

Starker Schrecken schien die Gardners und alles, was sie anfassten, zu umgeben, und die bloße Anwesenheit eines Menschen im Haus war wie ein Hauch aus unbenannten und unbenennbaren Regionen.

38.10　Ammi accompanied Nahum home with the greatest reluctance, and did what he might to calm the hysterical sobbing of little Merwin.

Ammi begleitete Nahum mit größtem Widerwillen nach Hause und tat, was er konnte, um das hysterische Schluchzen des kleinen Merwin zu beruhigen.

38.11　Zenas needed no calming.

Zenas brauchte keine Beruhigung.

He had come of late to do nothing but stare into space and obey what his father told him; and Ammi thought that his fate was very merciful. 38.12

Er war in letzter Zeit dazu übergegangen, nichts anderes zu tun, als ins Leere zu starren und zu gehorchen, was sein Vater ihm sagte, und Ammi fand, dass sein Schicksal sehr gnädig war.

Now and then Merwin's screams were answered faintly from the attic, and in response to an inquiring look Nahum said that his wife was getting very feeble. 38.13

Ab und zu ertönten Merwins Schreie leise vom Dachboden, und auf einen fragenden Blick hin sagte Nahum, dass seine Frau sehr schwach werde.

When night approached, Ammi managed to get away; 38.14

Als die Nacht hereinbrach, gelang es Ammi zu fliehen;

for not even friendship could make him stay in that spot when the faint glow of the vegetation began and the trees may or may not have swayed without wind. 38.15

denn nicht einmal die Freundschaft konnte ihn dazu bringen, an diesem Ort zu bleiben, als das schwache Leuchten der Vegetation begann und die Bäume vielleicht ohne Wind schwankten.

It was really lucky for Ammi that he was not more imaginative. 38.16

Es war wirklich ein Glück für Ammi, dass er nicht einfallsreicher war.

Even as things were, his mind was bent ever so slightly; 38.17

So, wie die Dinge lagen, war sein Verstand schon ein wenig geknickt;

38.18 but had he been able to connect and reflect upon all the portents around him he must inevitably have turned a total maniac.

aber hätte er all die Vorzeichen um ihn herum in Verbindung bringen und darüber nachdenken können, wäre er unweigerlich völlig wahnsinnig geworden.

38.19 In the twilight he hastened home,

In der Dämmerung eilte er nach Hause,

38.20 the screams of the mad woman and the nervous child ringing horrible in his ears.

die Schreie der verrückten Frau und des nervösen Kindes klangen furchtbar in seinen Ohren.

39.1 Three days later Nahum burst into Ammi's kitchen in the early morning, and in the absence of his host stammered out a desperate tale once more, while Mrs. Pierce listened in a clutching fright.

Drei Tage später stürmte Nahum am frühen Morgen in Ammis Küche und stammelte in Abwesenheit seines Gastgebers erneut eine verzweifelte Geschichte, während Mrs. Pierce erschrocken zuhörte.

39.2 It was little Merwin this time. He was gone.

Diesmal war es der kleine Merwin. Er war verschwunden.

39.3 He had gone out late at night with a lantern and pail for water, and had never come back.

Er war spät in der Nacht mit einer Laterne und einem Eimer Wasser losgezogen und nicht mehr zurückgekommen.

39.4 He'd been going to pieces for days,

Er war schon seit Tagen am Boden zerstört und wusste kaum,

and hardly knew what he was about. Screamed at everything.
39.5

was er tat. Er schrie gegen alles an.

There had been a frantic shriek from the yard then, but before the father could get to the door the boy was gone.
39.6

Dann war ein verzweifelter Schrei aus dem Hof gekommen, aber bevor der Vater zur Tür gehen konnte, war der Junge weg.

There was no glow from the lantern he had taken, and of the child himself no trace.
39.7

Die Laterne, die er mitgenommen hatte, leuchtete nicht mehr, und von dem Kind selbst fehlte jede Spur.

At the time Nahum thought the lantern and pail were gone too; but when dawn came, and the man had plodded back from his all-night search of the woods and fields, he had found some very curious things near the well.
39.8

Nahum dachte damals, dass auch die Laterne und der Eimer verschwunden waren, aber als der Morgen graute und der Mann von seiner nächtlichen Suche in Wald und Feld zurückkam, hatte er in der Nähe des Brunnens einige sehr merkwürdige Dinge gefunden.

There was a crushed and apparently somewhat melted mass of iron which had certainly been the lantern; while a bent pail and twisted iron hoops beside it, both half-fused, seemed to hint at the remnants of the pail.
39.9

Da war eine zerquetschte und anscheinend etwas geschmolzene Eisenmasse, bei der es sich zweifellos um die Laterne handelte, während ein verbogener Eimer und verdrehte Eisenreifen daneben, beide halb verschmolzen, auf die Reste des Eimers hinzudeuten schienen.

39.10 **That was all.**
Das war alles.

39.11 **Nahum was past imagining, Mrs. Pierce was blank, and Ammi, when he had reached home and heard the tale, could give no guess.**
Nahum konnte sich nichts mehr vorstellen, Mrs. Pierce war sprachlos, und Ammi konnte, als er zu Hause angekommen war und die Geschichte gehört hatte, keine Vermutungen anstellen.

39.12 **Merwin was gone, and there would be no use in telling the people around, who shunned all Gardners now.**
Merwin war weg, und es hätte keinen Sinn, es den Leuten in der Umgebung zu erzählen, die jetzt alle Gardner mieden.

39.13 **No use, either, in telling the city people at Arkham who laughed at everything.**
Es nützte auch nichts, es den Leuten in der Stadt Arkham zu erzählen, die über alles lachten.

39.14 **Thad was gone, and now Merwin was gone.**
Thad war weg, und jetzt war Merwin weg.

39.15 **Something was creeping and creeping and waiting to be seen and heard.**
Irgendetwas kroch und kroch und wartete darauf, gesehen und gehört zu werden.

39.16 **Nahum would go soon, and he wanted Ammi to look after his wife and Zenas if they survived him.**
Nahum würde bald gehen, und er wollte, dass Ammi sich um seine Frau und Zenas kümmerte, falls sie ihn überlebten.

It must all be a judgment of some sort; though he could not fancy what for, since he had always walked uprightly in the Lord's ways so far as he knew.

39.17

Das alles musste eine Art Gericht sein, obwohl er sich nicht vorstellen konnte, wofür, denn er war immer aufrecht in den Wegen des Herrn gewandelt, soweit er wusste.

For over two weeks Ammi saw nothing of Nahum;

40.1

Mehr als zwei Wochen lang sah Ammi nichts von Nahum;

and then, worried about what might have happened, he overcame his fears and paid the Gardner place a visit.

40.2

dann überwand er seine Ängste und besuchte das Haus von Gardner, weil er sich Sorgen machte, was passiert sein könnte.

There was no smoke from the great chimney,

40.3

Aus dem großen Schornstein kam kein Rauch,

and for a moment the visitor was apprehensive of the worst.

40.4

und einen Moment lang befürchtete der Besucher das Schlimmste.

The aspect of the whole farm was shocking -

40.5

Der Anblick der gesamten Farm war schockierend -

40.6 greyish withered grass and leaves on the ground, vines falling in brittle wreckage from archaic walls and gables, and great bare trees clawing up at the grey November sky with a studied malevolence which Ammi could not but feel had come from some subtle change in the tilt of the branches.

graues, verdorrtes Gras und Laub auf dem Boden, Weinreben, die in brüchigen Trümmern von archaischen Mauern und Giebeln herabfielen, und große kahle Bäume, die sich in den grauen Novemberhimmel krallten, mit einer einstudierten Bösartigkeit, von der Ammi nicht anders konnte, als zu glauben, dass sie von einer subtilen Veränderung in der Neigung der Äste herrührte.

40.7 But Nahum was alive, after all.

Aber Nahum lebte immerhin noch.

40.8 He was weak, and lying in a couch in the low-ceiled kitchen, but perfectly conscious and able to give simple orders to Zenas.

Er war schwach und lag auf einer Couch in der niedrigen Küche, aber er war bei vollem Bewusstsein und in der Lage, Zenas einfache Befehle zu geben.

40.9 The room was deadly cold; and as Ammi visibly shivered, the host shouted huskily to Zenas for more wood.

Der Raum war tödlich kalt, und als Ammi sichtlich zitterte, rief der Wirt Zenas leise nach mehr Holz.

40.10 Wood, indeed, was sorely needed; since the cavernous fireplace was unlit and empty, with a cloud of soot blowing about in the chill wind that came down the chimney.

Holz war in der Tat dringend nötig, denn der höhlenartige Kamin war unbeleuchtet und leer, und eine Rußwolke wehte im kalten Wind, der durch den Schornstein kam.

Presently Nahum asked him if the extra wood had made him any more comfortable, and then Ammi saw what had happened.

40.11

Als Nahum ihn fragte, ob er es sich mit dem zusätzlichen Holz bequemer gemacht hatte, sah Ammi, was geschehen war.

The stoutest cord had broken at last,

40.12

Die stärkste Schnur war endlich gerissen,

and the hapless farmer's mind was proof against more sorrow.

40.13

und das Gemüt des unglücklichen Bauern war gegen weiteren Kummer gefeit.

Questioning tactfully, Ammi could get no clear data at all about the missing Zenas.

41.1

Durch taktvolles Befragen konnte Ammi keine klaren Angaben über den vermissten Zenas erhalten.

"In the well — he lives in the well — " was all that the clouded father would say.

41.2

"Im Brunnen - er lebt im Brunnen", war alles, was der vernebelte Vater sagen wollte.

Then there flashed across the visitor's mind a sudden thought of the mad wife,

41.3

Dann kam dem Besucher plötzlich der Gedanke an die verrückte Frau,

and he changed his line of inquiry. "Nabby?

41.4

und er änderte seine Fragestellung. "Nabby?

Why, here she is!"

41.5

Da ist sie ja!"

41.6 was the surprised response of poor Nahum, and Ammi soon saw that he must search for himself.

war die überraschte Antwort des armen Nahum, und Ammi sah bald ein, dass er sich selbst auf die Suche machen musste.

41.7 Leaving the harmless babbler on the couch,

Er ließ das harmlose Plappermaul auf der Couch zurück,

41.8 he took the keys from their nail beside the door and climbed the creaking stairs to the attic.

nahm den Schlüssel von seinem Nagel neben der Tür und stieg die knarrende Treppe zum Dachboden hinauf.

41.9 It was very close and noisome up there,

Dort oben war es sehr eng und geräuschvoll,

41.10 and no sound could be heard from any direction.

und aus keiner Richtung war ein Geräusch zu hören.

41.11 Of the four doors in sight, only one was locked, and on this he tried various keys on the ring he had taken.

Von den vier Türen, die er sah, war nur eine verschlossen, und an dieser probierte er verschiedene Schlüssel an dem Ring aus, den er mitgenommen hatte.

41.12 The third key proved the right one,

Der dritte Schlüssel erwies sich als der richtige,

41.13 and after some fumbling Ammi threw open the low white door.

und nach einigem Fummeln öffnete Ammi die niedrige weiße Tür.

It was quite dark inside, for the window was small    42.1
and half-obscured by the crude wooden bars; and
Ammi could see nothing at all on the wide-planked
floor.

Drinnen war es ziemlich dunkel, denn das Fenster war
klein und durch die groben Holzstäbe halb verdeckt, und
auf dem breiten Dielenboden konnte Ammi überhaupt
nichts sehen.

The stench was beyond enduring, and before    42.2
proceeding further he had to retreat to another room
and return with his lungs filled with breathable air.

Der Gestank war unerträglich, und bevor er weitergehen
konnte, musste er sich in einen anderen Raum
zurückziehen und erst wieder zurückkehren, wenn seine
Lungen mit Atemluft gefüllt waren.

When he did enter he saw something dark in the    42.3
corner, and upon seeing it more clearly he screamed
outright.

Als er den Raum betrat, sah er etwas Dunkles in der Ecke,
und als er es deutlicher sah, schrie er laut auf.

While he screamed he thought a momentary cloud    42.4
eclipsed the window, and a second later he felt
himself brushed as if by some hateful current of
vapour.

Während er noch schrie, glaubte er, dass eine Wolke das
Fenster kurzzeitig verdunkelte, und eine Sekunde später
fühlte er sich wie von einem hasserfüllten Dunststrom
gestreift.

42.5 Strange colours danced before his eyes; and had not a present horror numbed him he would have thought of the globule in the meteor that the geologist's hammer had shattered, and of the morbid vegetation that had sprouted in the spring.

Seltsame Farben tanzten vor seinen Augen, und hätte ihn nicht ein gegenwärtiges Entsetzen betäubt, so hätte er an das Kügelchen im Meteor gedacht, das der Hammer des Geologen zertrümmert hatte, und an die morbide Vegetation, die im Frühjahr gesprossen war.

42.6 As it was he thought only of the blasphemous monstrosity which confronted him,

So aber dachte er nur an die blasphemische Monstrosität,

42.7 and which all too clearly had shared the nameless fate of young Thaddeus and the livestock.

die ihm gegenüberstand und die nur allzu deutlich das namenlose Schicksal des jungen Thaddeus und des Viehs geteilt hatte.

42.8 But the terrible thing about the horror was that it very slowly and perceptibly moved as it continued to crumble.

Das Schreckliche an dem Grauen war jedoch, dass es sich ganz langsam und spürbar bewegte, während es weiter zerfiel.

---

44.1 Ammi would give me no added particulars of this scene,

Ammi wollte mir keine weiteren Einzelheiten zu dieser Szene nennen,

but the shape in the corners does not re-appear in his tale as a moving object. 44.2

aber die Gestalt in den Ecken taucht in seiner Erzählung nicht mehr als bewegliches Objekt auf.

There are things which cannot be mentioned, and what is done in common humanity is sometimes cruelly judged by the law. 44.3

Es gibt Dinge, die man nicht erwähnen kann, und was in der allgemeinen Menschlichkeit getan wird, wird manchmal vom Gesetz grausam beurteilt.

I gathered that no moving thing was left in that attic room, and that to leave anything capable of motion there would have been a deed so monstrous as to damn any accountable being to eternal torment. 44.4

Ich nahm an, dass nichts Bewegliches in der Dachkammer zurückgelassen wurde, und dass es eine so ungeheuerliche Tat gewesen wäre, irgendetwas, das sich bewegen könnte, dort zurückzulassen, dass es jedes verantwortliche Wesen zu ewigen Qualen verdammt hätte.

Anyone but a stolid farmer would have fainted or gone mad, 44.5

Jeder andere als ein sturer Bauer wäre in Ohnmacht gefallen oder wahnsinnig geworden,

but Ammi walked conscious through that low doorway and locked the accursed secret behind him. 44.6

aber Ammi schritt bewusst durch die niedrige Tür und schloss das verfluchte Geheimnis hinter sich.

There would be Nahum to deal with now; he must be fed and tended, 44.7

Er musste gefüttert und gepflegt werden und an einen Ort gebracht werden,

44.8  and removed to some place where he could be cared for.
an dem man sich um ihn kümmern konnte.

45.1  Commencing his descent of the dark stairs,
Als Ammi die dunkle Treppe hinunterstieg,

45.2  Ammi heard a thud below him.
hörte er unter sich einen dumpfen Schlag.

45.3  He even thought a scream had been suddenly choked off, and recalled nervously the clammy vapour which had brushed by him in that frightful room above.
Er glaubte sogar, ein Schrei sei plötzlich erstickt worden, und erinnerte sich nervös an den feuchten Dunst, der ihn in dem schrecklichen Zimmer oben umweht hatte.

45.4  What presence had his cry and entry started up?
Was für eine Präsenz hatte sein Schrei und sein Eintritt ausgelöst?

45.5  Halted by some vague fear,
Von einer unbestimmten Furcht gepackt,

45.6  he heard still further sounds below.
hörte er unten noch weitere Geräusche.

45.7  Indubitably there was a sort of heavy dragging, and a most detestably sticky noise as of some fiendish and unclean species of suction.
Zweifellos gab es eine Art schweres Ziehen und ein abscheuliches, klebriges Geräusch, wie von einer teuflischen und unsauberen Art von Sog.

45.8  With an associative sense goaded to feverish heights,
Mit einem fieberhaften Assoziationssinn dachte er unerklärlicherweise an das,

he thought unaccountably of what he had seen upstairs.

45.9

was er oben gesehen hatte.

Good God!

45.10

Großer Gott!

What eldritch dream-world was this into which he had blundered?

45.11

Was war das für eine unheimliche Traumwelt, in die er hineingestolpert war?

He dared move neither backward nor forward,

45.12

Er wagte weder vor noch zurück zu gehen,

but stood there trembling at the black curve of the boxed-in staircase.

45.13

sondern blieb zitternd vor der schwarzen Kurve der eingefassten Treppe stehen.

Every trifle of the scene burned itself into his brain.

45.14

Jede Kleinigkeit der Szene brannte sich in sein Gehirn ein.

The sounds, the sense of dread expectancy, the darkness, the steepness of the narrow steps — and merciful Heaven! — the faint but unmistakable luminosity of all the woodwork in sight; steps, sides, exposed laths, and beams alike.

45.15

Die Geräusche, das Gefühl schrecklicher Erwartung, die Dunkelheit, die Steilheit der schmalen Stufen - und, Gott sei Dank, das schwache, aber unverkennbare Leuchten aller Holzteile, die er sah: Stufen, Seiten, freiliegende Latten und Balken gleichermaßen.

46.1 Then there burst forth a frantic whinny from Ammi's horse outside, followed at once by a clatter which told of a frenzied runaway.

Dann ertönte draußen ein verzweifeltes Wiehern von Ammis Pferd, gefolgt von einem Getrappel, das von einem rasenden Ausreißer kündete.

46.2 In another moment horse and buggy had gone beyond earshot, leaving the frightened man on the dark stairs to guess what had sent them.

Im nächsten Moment waren Pferd und Wagen außer Hörweite und überließen es dem verängstigten Mann auf der dunklen Treppe, zu erraten, was sie geschickt hatte.

46.3 But that was not all.

Aber das war noch nicht alles.

46.4 There had been another sound out there.

Da draußen war noch ein anderes Geräusch zu hören gewesen.

46.5 A sort of liquid splash — water — it must have been the well.

Eine Art flüssiges Plätschern - es muss der Brunnen gewesen sein.

46.6 He had left Hero untied near it,

Er hatte Hero ungebunden in der Nähe zurückgelassen,

46.7 and a buggy-wheel must have brushed the coping and knocked in a stone.

und ein Wagenrad musste über die Kante gestreift sein und einen Stein eingeworfen haben.

And still the pale phosphorescense glowed in that detestably ancient woodwork.

46.8

Und noch immer leuchtete der blasse Phosphoreszenzschein in diesem abscheulich alten Holzwerk.

God! how old the house was! Most of it built before 1700.

46.9

Gott, wie alt das Haus war! Das meiste davon wurde vor 1700 gebaut.

A feeble scratching on the floor downstairs now sounded distinctly, and Ammi's grip tightened on a heavy stick he had picked up in the attic for some purpose.

47.1

Ein schwaches Kratzen auf dem Boden im Erdgeschoss war nun deutlich zu hören, und Ammis Griff wurde fester um einen schweren Stock, den er aus irgendeinem Grund auf dem Dachboden aufgehoben hatte.

Slowly nerving himself, he finished his descent and walked boldly toward the kitchen.

47.2

Langsam und nervös beendete er seinen Abstieg und ging mutig auf die Küche zu.

But he did not complete the walk, because what he sought was no longer there.

47.3

Aber er beendete den Gang nicht, denn das, was er suchte, war nicht mehr da.

It had come to meet him,

47.4

Es war ihm entgegengekommen,

and it was still alive after a fashion.

47.5

und es war gewissermaßen noch am Leben.

47.6 **Whether it had crawled or whether it had been dragged by any external forces,**

Ob es gekrochen war oder ob es von irgendwelchen äußeren Kräften gezogen worden war,

47.7 **Ammi could not say; but the death had been at it.**

konnte Ammi nicht sagen; aber der Tod war dabei gewesen.

47.8 **Everything had happened in the last half-hour, but collapse, greying, and disintegration were already far advanced.**

Alles war in der letzten halben Stunde geschehen, aber Zusammenbruch, Ergrauen und Zerfall waren schon weit fortgeschritten.

47.9 **There was a horrible brittleness,**

Es herrschte eine entsetzliche Sprödigkeit,

47.10 **and dry fragments were scaling off.**

und trockene Bruchstücke schälten sich ab.

47.11 **Ammi could not touch it, but looked horrifiedly into the distorted parody that had been a face.**

Ammi konnte es nicht anfassen, sondern blickte entsetzt in die verzerrte Parodie, die einmal ein Gesicht gewesen war.

47.12 **"What was it, Nahum - what was it?"**

"Was war es, Nahum - was war es?"

47.13 **He whispered, and the cleft, bulging lips were just able to crackle out a final answer.**

flüsterte er, und die gespaltenen, wulstigen Lippen konnten gerade noch eine letzte Antwort herauskrächzen.

48.1 **"Nothin' ...nothin' ...the colour ...it burns ...**

"Nix ...gar nichts ...die Farbe ...sie brennt ...

cold an' wet, but it burns ... 48.2
kalt und nass, aber es brennt ...

it lived in the well ...I seen it ... 48.3
es lebte in der Quelle ...Ich habe es gesehen ...

a kind o' smoke ... 48.4
eine Art von Rauch ...

jest like the flowers last spring ... 48.5
so wie die Blumen im letzten Frühling ...

the well shone at night ...Thad an' Merwin an' 48.6
Zenas ...
der Brunnen leuchtete in der Nacht ...Thad und Merwin
und Zenas ...

everything alive ...suckin' the life out of everything ... 48.7
alles lebt ...und saugt das Leben aus allem heraus ...

in that stone ...it must o' come in that stone ... 48.8
in diesem Stein ...Es muss in diesem Stein gekommen
sein ...

pizened the whole place ... 48.9
hat den ganzen Ort verpestet ...

dun't know what it wants ... 48.10
Ich weiß nicht, was es will ...

that round thing them men from the college dug 48.11
outen the stone ...
Das runde Ding, das die Männer vom College aus dem Stein
gegraben haben ...

they smashed it ...it was that same colour ... 48.12
Sie haben es zertrümmert ...es hatte die gleiche Farbe ...

48.13 jest the same, like the flowers an' plants ...
genau dieselbe, wie die Blumen und Pflanzen ...

48.14 must a' ben more of 'em ...seeds ...seeds ...
Es muss mehr von ihnen geben ...Samen ...Samen ...

48.15 they growed ...
sie wuchsen ...

48.16 I seen it the fust time this week ...
Ich habe es diese Woche zum ersten Mal gesehen ...

48.17 must a' got strong on Zenas ...he was a big boy,
Zenas muss stark geworden sein ...Er war ein großer Junge,

48.18 full o' life ...
voller Leben ...

48.19 it beats down your mind an' then gits ye ...
es schlägt deinen Verstand nieder und dann erwischt es
dich ...

48.20 burns ye up ...in the well water ...
verbrennt es dich ...im Brunnenwasser ...

48.21 you was right about that ...evil water ...
Du hattest recht ...böses Wasser ...

48.22 Zenas never come back from the well ...
Zenas kommt nie wieder aus dem Brunnen zurück ...

48.23 can't git away ...draws ye ...
kann nicht wegkommen ...zieht dich ...

48.24 ye know summ'at's comin', but 'tain't no use ...
ihr wisst, dass etwas kommt, aber es nützt nichts ...

I seen it time an' agin Zenas was took...   48.25

Ich habe es immer wieder gesehen, dass Zenas entführt
wurde...

whar's Nabby, Ammi? ...my head's no good...   48.26

Wo ist Nabby, Ammi? ...Meinem Kopf geht es nicht gut...

dun't know how long sence I fed her...   48.27

Ich weiß nicht, wie lange es her ist, dass ich sie gefüttert
habe...

it'll git her ef we ain't keerful...   48.28

Es wird sie erwischen, wenn wir nicht aufpassen...

jest a colour...   48.29

nur eine Farbe...

her face is gittin' to hev that colour sometimes   48.30
towards night...

Ihr Gesicht bekommt nachts manchmal diese Farbe...

an' it burns an' sucks...   48.31

und es brennt und stinkt...

it come from some place whar things ain't as they is   48.32
here...

Sie kommt von einem Ort, an dem die Dinge nicht so sind
wie hier...

one o' them professors said so ...he was right...   48.33

Einer der Professoren hat das gesagt ...Er hatte Recht...

look out, Ammi, it'll do suthin' more...   48.34

Pass auf, Ammi, es wird noch mehr tun...

sucks the life out..."   48.35

saugt das Leben aus..."

49.1 But that was all.

Aber das war alles.

49.2 That which spoke could speak no more because it had completely caved in.

Das, was sprach, konnte nicht mehr sprechen, denn es war völlig zusammengebrochen.

49.3 Ammi laid a red checked tablecloth over what was left and reeled out the back door into the fields.

Ammi legte ein rotkariertes Tischtuch über das, was übrig geblieben war, und taumelte durch die Hintertür hinaus auf die Felder.

49.4 He climbed the slope to the ten-acre pasture and stumbled home by the north road and the woods.

Er kletterte den Hang zur zehn Hektar großen Weide hinauf und stolperte über die Nordstraße und den Wald nach Hause.

49.5 He could not pass that well from which his horses had run away.

An dem Brunnen, aus dem seine Pferde weggelaufen waren, kam er nicht vorbei.

49.6 He had looked at it through the window,

Er hatte ihn durch das Fenster betrachtet und gesehen,

49.7 and had seen that no stone was missing from the rim.

dass kein Stein am Rand fehlte.

49.8 Then the lurching buggy had not dislodged anything after all -

Dann hatte der ruckelnde Wagen also doch nichts weggeschleudert -

49.9 the splash had been something else -

das Platschen war etwas anderes gewesen -

something which went into the well after it had done    49.10
with poor Nahum ...

etwas, das in den Brunnen gefallen war, nachdem es mit
dem armen Nahum fertig war ...


When Ammi reached his house the horses and buggy    50.1
had arrived before him and thrown his wife into fits
of anxiety.

Als Ammi sein Haus erreichte, waren die Pferde und der
Wagen bereits vor ihm eingetroffen und versetzten seine
Frau in einen Anfall von Angst.


Reassuring her without explanations, he set out at    50.2
once for Arkham and notified the authorities that the
Gardner family was no more.

Ohne sie zu beruhigen, machte er sich sofort auf den Weg
nach Arkham und teilte den Behörden mit, dass die Familie
Gardner nicht mehr existierte.


He indulged in no details, but merely told of the    50.3
deaths of Nahum and Nabby, that of Thaddeus
being already known, and mentioned that the cause
seemed to be the same strange ailment which had
killed the livestock.

Er ging nicht auf Einzelheiten ein, sondern erzählte
lediglich vom Tod von Nahum und Nabby, während der
Tod von Thaddeus bereits bekannt war, und erwähnte, dass
die Ursache die gleiche seltsame Krankheit zu sein schien,
die auch das Vieh getötet hatte.


He also stated that Merwin and Zenas had    50.4
disappeared.

Er erklärte auch, dass Merwin und Zenas verschwunden
seien.

50.5 There was considerable questioning at the police station, and in the end Ammi was compelled to take three officers to the Gardner farm, together with the coroner, the medical examiner, and the veterinary who had treated the diseased animals.

Auf dem Polizeirevier kam es zu einer umfangreichen Befragung, und schließlich sah sich Ammi gezwungen, drei Beamte zur Gardner-Farm mitzunehmen, darunter den Gerichtsmediziner, den Gerichtsmediziner und den Tierarzt, der die kranken Tiere behandelt hatte.

50.6 He went much against his will, for the afternoon was advancing and he feared the fall of night over that accursed place, but it was some comfort to have so many people with him.

Er ging sehr gegen seinen Willen, denn der Nachmittag rückte näher und er fürchtete, dass die Nacht über diesen verfluchten Ort hereinbrechen würde, aber es war ein gewisser Trost, so viele Leute dabei zu haben.

51.1 The six men drove out in a democrat-wagon, following Ammi's buggy, and arrived at the pest-ridden farmhouse about four o'clock.

Die sechs Männer fuhren in einem Demokraten-Wagen los, gefolgt von Ammis Buggy, und kamen gegen vier Uhr an dem von Ungeziefer befallenen Bauernhaus an.

51.2 Used as the officers were to gruesome experiences, not one remained unmoved at what was found in the attic and under the red checked tablecloth on the floor below.

Obwohl die Beamten an grausame Erlebnisse gewöhnt waren, blieb keiner von ihnen ungerührt von dem, was auf dem Dachboden und unter der rotkarierten Tischdecke auf dem Boden zu finden war.

The whole aspect of the farm with its grey desolation was terrible enough,

51.3

Der ganze Anblick des Bauernhofs mit seiner grauen Trostlosigkeit war schon schrecklich genug,

but those two crumbling objects were beyond all bounds.

51.4

aber diese beiden zerfallenen Gegenstände waren jenseits aller Grenzen.

No one could look long at them, and even the medical examiner admitted that there was very little to examine.

51.5

Niemand konnte sie lange betrachten, und selbst der Gerichtsmediziner gab zu, dass es nur wenig zu untersuchen gab.

Specimens could be analysed, of course, so he busied himself in obtaining them -

51.6

Natürlich konnten Proben analysiert werden, und so bemühte er sich, sie zu beschaffen -

and here it develops that a very puzzling aftermath occurred at the college laboratory where the two phials of dust were finally taken.

51.7

und hier zeigt sich, dass im Labor der Universität, wo die beiden Staubfläschchen schließlich entnommen wurden, ein sehr rätselhaftes Ergebnis erzielt wurde.

Under the spectroscope both samples gave off an unknown spectrum, in which many of the baffling bands were precisely like those which the strange meteor had yielded in the previous year.

51.8

Unter dem Spektroskop gaben beide Proben ein unbekanntes Spektrum ab, in dem viele der verblüffenden Banden genau denen entsprachen, die der seltsame Meteor im Jahr zuvor geliefert hatte.

51.9   The property of emitting this spectrum vanished in a month, the dust thereafter consisting mainly of alkaline phosphates and carbonates.
Die Eigenschaft, dieses Spektrum zu emittieren, verschwand innerhalb eines Monats, und der Staub bestand danach hauptsächlich aus alkalischen Phosphaten und Karbonaten.

---

53.1   Ammi would not have told the men about the well if he had thought they meant to do anything then and there.
Ammi hätte den Männern nicht von dem Brunnen erzählt, wenn er geglaubt hätte, dass sie vorhätten, auf der Stelle etwas zu tun.

53.2   It was getting toward sunset,
Es ging auf den Sonnenuntergang zu,

53.3   and he was anxious to be away.
und er wollte unbedingt weg sein.

53.4   But he could not help glancing nervously at the stony curb by the great sweep, and when a detective questioned him he admitted that Nahum had feared something down there -
Aber er konnte nicht umhin, einen nervösen Blick auf den steinernen Randstein am großen Schwung zu werfen, und als ein Detektiv ihn befragte, gab er zu, dass Nahum dort unten etwas befürchtet hatte -

53.5   so much so that he had never even thought of searching it for Merwin or Zenas.
so sehr, dass er nicht einmal daran gedacht hatte, dort nach Merwin oder Zenas zu suchen.

After that nothing would do but that they empty    53.6
and explore the well immediately, so Ammi had to
wait trembling while pail after pail of rank water
was hauled up and splashed on the soaking ground
outside.

Danach blieb ihnen nichts anderes übrig, als den Brunnen
sofort zu leeren und zu untersuchen, und so musste
Ammi zitternd warten, während ein Eimer nach dem
anderen mit schlechtem Wasser hochgezogen und auf den
aufgeweichten Boden draußen gespritzt wurde.

The men sniffed in disgust at the fluid, and toward    53.7
the last held their noses against the foetor they were
uncovering.

Die Männer schnupperten angewidert an der Flüssigkeit
und hielten sich zum Schluss die Nase zu, um nicht in die
Fäulnis zu geraten, die sie freilegten.

It was not so long a job as they had feared it would be,    53.8
since the water was phenomenally low.

Die Arbeit war nicht so langwierig, wie sie befürchtet
hatten, denn das Wasser stand erstaunlich niedrig.

There is no need to speak too exactly of what they    53.9
found.

Es ist nicht nötig, zu genau zu beschreiben, was sie
gefunden haben.

Merwin and Zenas were both there, in part, though    53.10
the vestiges were mainly skeletal.

Merwin und Zenas waren zum Teil dabei, auch wenn die
Überreste hauptsächlich skelettartig waren.

53.11 There were also a small deer and a large dog in about the same state, and a number of bones of smaller animals.

Es gab auch ein kleines Reh und einen großen Hund in etwa demselben Zustand sowie eine Reihe von Knochen kleinerer Tiere.

53.12 The ooze and slime at the bottom seemed inexplicably porous and bubbling, and a man who descended on hand-holds with a long pole found that he could sink the wooden shaft to any depth in the mud of the floor without meeting any solid obstruction.

Der Schlamm und der Schleim am Boden schienen auf unerklärliche Weise porös und sprudelnd zu sein, und ein Mann, der mit einer langen Stange an der Hand hinabstieg, stellte fest, dass er den hölzernen Schaft bis zu einer beliebigen Tiefe in den Schlamm des Bodens versenken konnte, ohne auf ein festes Hindernis zu stoßen.

54.1 Twilight had now fallen,

Die Dämmerung war inzwischen hereingebrochen,

54.2 and lanterns were brought from the house.

und man holte Laternen aus dem Haus.

54.3 Then, when it was seen that nothing further could be gained from the well, everyone went indoors and conferred in the ancient sitting-room while the intermittent light of a spectral half-moon played wanly on the grey desolation outside.

Als man sah, dass der Brunnen nichts mehr hergab, gingen alle ins Haus und berieten sich in der alten Stube, während das sporadische Licht des gespenstischen Halbmonds die graue Trostlosigkeit draußen fahl beschien.

The men were frankly nonplussed by the entire 54.4
case, and could find no convincing common
element to link the strange vegetable conditions,
the unknown disease of livestock and humans, and
the unaccountable deaths of Merwin and Zenas in the
tainted well.

Die Männer waren ehrlich gesagt verblüfft über den ganzen
Fall und konnten kein überzeugendes gemeinsames
Element finden, um die seltsamen pflanzlichen
Bedingungen, die unbekannte Krankheit von Vieh und
Menschen und den unerklärlichen Tod von Merwin
und Zenas in dem verdorbenen Brunnen miteinander
zu verbinden.

They had heard the common country talk, it is true; 54.5
but could not believe that anything contrary to
natural law had occurred.

Sie hatten zwar das übliche Landgerede gehört, konnten
aber nicht glauben, dass etwas gegen die Naturgesetze
verstoßen hatte.

No doubt the meteor had poisoned the soil, but the 54.6
illness of person and animals who had eaten nothing
grown in that soil was another matter.

Zweifellos hatte der Meteor den Boden vergiftet, aber die
Krankheit von Menschen und Tieren, die nichts gegessen
hatten, was auf diesem Boden gewachsen war, war eine
andere Sache.

Was it the well water? Very possibly. 54.7

War es das Brunnenwasser? Gut möglich.

It might be a good idea to analyse it. 54.8

Es wäre vielleicht eine gute Idee, es zu analysieren.

54.9 But what peculiar madness could have made both boys jump into the well?

Aber welcher eigentümliche Wahnsinn könnte beide Jungen dazu gebracht haben, in den Brunnen zu springen?

54.10 Their deeds were so similar -

Ihre Taten waren so ähnlich -

54.11 and the fragments showed that they had both suffered from the grey brittle death.

und die Fragmente zeigten, dass sie beide an dem grauen, spröden Tod gelitten hatten.

54.12 Why was everything so grey and brittle?

Warum war alles so grau und brüchig?

55.1 It was the coroner, seated near a window overlooking the yard, who first noticed the glow about the well.

Der Gerichtsmediziner, der an einem Fenster mit Blick auf den Hof saß, bemerkte als Erster das Leuchten um den Brunnen.

55.2 Night had fully set in,

Die Nacht war bereits hereingebrochen,

55.3 and all the abhorrent grounds seemed faintly luminous with more than the fitful moonbeams;

und das ganze abscheuliche Gelände schien nur noch schwach von den unbeständigen Mondstrahlen erhellt zu werden;

but this new glow was something definite and 55.4
distinct, and appeared to shoot up from the black
pit like a softened ray from a searchlight, giving dull
reflections in the little ground pools where the water
had been emptied.

aber dieses neue Leuchten war etwas Bestimmtes
und Eindeutiges und schien aus der schwarzen Grube
aufzusteigen wie ein abgeschwächter Strahl eines
Suchscheinwerfers, der in den kleinen Becken am Boden,
in die das Wasser geflossen war, matte Reflexe erzeugte.

It had a very queer colour, and as all the men 55.5
clustered round the window Ammi gave a violent
start.

Es hatte eine sehr merkwürdige Farbe, und als sich alle
Männer um das Fenster scharten, zuckte Ammi heftig
zusammen.

For this strange beam of ghastly miasma was to him 55.6
of no unfamiliar hue.

Denn dieser seltsame Strahl aus grässlichem Miasma war
für ihn kein unbekannter Farbton.

He had seen that colour before, and feared to think 55.7
what it might mean.

Er hatte diese Farbe schon einmal gesehen, und er
fürchtete sich vor dem Gedanken, was sie bedeuten könnte.

55.8 He had seen it in the nasty brittle globule in that aerolite two summers ago, had seen it in the crazy vegetation of the springtime, and had thought he had seen it for an instant that very morning against the small barred window of that terrible attic room where nameless things had happened.

Er hatte sie in der hässlichen, brüchigen Kugel in dem Aerolith vor zwei Sommern gesehen, er hatte sie in der verrückten Vegetation des Frühlings gesehen, und er hatte geglaubt, sie an jenem Morgen einen Augenblick lang gegen das kleine vergitterte Fenster jener schrecklichen Dachkammer gesehen zu haben, in der namenlose Dinge geschehen waren.

55.9 It had flashed there a second,

Es hatte dort eine Sekunde geblitzt,

55.10 and a clammy and hateful current of vapour had brushed past him -

und ein feuchter und hasserfüllter Dunststrom war an ihm vorbeigezogen -

55.11 and then poor Nahum had been taken by something of that colour.

und dann war der arme Nahum von etwas von dieser Farbe ergriffen worden.

55.12 He had said so at the last -

Das hatte er zuletzt gesagt -

55.13 said it was like the globule and the plants.

er sagte, es sei wie das Kügelchen und die Pflanzen.

After that had come the runaway in the yard and the   55.14
splash in the well — and now that well was belching
forth to the night a pale insidious beam of the same
demoniac tint.

Danach kam der Ausreißer im Hof und das Plätschern im
Brunnen, und jetzt spuckte der Brunnen einen blassen,
heimtückischen Strahl von derselben dämonischen Farbe
in die Nacht.

It does credit to the alertness of Ammi's mind that   56.1
he puzzled even at that tense moment over a point
which was essentially scientific.

Es spricht für die Wachsamkeit von Ammis Verstand, dass
er selbst in diesem angespannten Moment über einen
Punkt rätselte, der im Wesentlichen wissenschaftlich war.

He could not but wonder at his gleaning of the   56.2
same impression from a vapour glimpsed in the
daytime, against a window opening in the morning
sky, and from a nocturnal exhalation seen as a
phosphorescent mist against the black and blasted
landscape.

Er konnte nicht umhin, sich darüber zu wundern, dass er
denselben Eindruck von einem Dunst hatte, den er am Tag
gegen ein Fenster am Morgenhimmel sah, und von einem
nächtlichen Ausatmen, das er als phosphoreszierenden
Nebel gegen die schwarze und zerstörte Landschaft sah.

It wasn't right - it was against Nature -   56.3

Es war nicht richtig - es war gegen die Natur -

and he thought of those terrible last words of his   56.4
stricken friend,

und er dachte an die schrecklichen letzten Worte seines
angeschlagenen Freundes: "Es kommt von einem Ort,

56.5 "It come from some place whar things ain't as they is here ...

an dem die Dinge nicht so sind wie hier ...

56.6 one o' them professors said so ..."

einer der Professoren hat gesagt, so ..."

57.1 All three horses outside, tied to a pair of shrivelled saplings by the road, were now neighing and pawing frantically.

Alle drei Pferde, die draußen an ein paar verschrumpelte Baumstämme am Wegesrand angebunden waren, wieherten und scharrten nun wie wild.

57.2 The wagon driver started for the door to do something, but Ammi laid a shaky hand on his shoulder.

Der Kutscher wollte zur Tür gehen, um etwas zu unternehmen, aber Ammi legte ihm eine zittrige Hand auf die Schulter.

57.3 "Dun't go out thar," he whispered.

"Geh da nicht raus," flüsterte er.

57.4 "They's more to this nor what we know.

"Da steckt mehr dahinter, als wir wissen.

57.5 Nahum said somethin' lived in the well that sucks your life out.

Nahum sagte, in dem Brunnen lebe etwas, das einem das Leben aussaugt.

He said it must be some'at growed from a round ball 57.6
like one we all seen in the meteor stone that fell a
year ago June.

Er sagte, es müsse etwas sein, das aus einer runden Kugel
wächst, wie wir sie alle in dem Meteorstein gesehen haben,
der vor einem Jahr im Juni gefallen ist.

Sucks an' burns, he said, an' is jest a cloud of colour 57.7
like that light out thar now, that ye can hardly see an'
can't tell what it is.

Es saugt und brennt, sagte er, und ist nur eine Farbwolke,
wie das Licht da draußen, das man kaum sehen und nicht
erkennen kann, was es ist.

Nahum thought it feeds on everything livin' an' gits 57.8
stronger all the time.

Nahum meinte, es ernährt sich von allem Lebendigen und
wird immer stärker.

He said he seen it this last week. 57.9

Er sagte, er hätte es letzte Woche gesehen.

It must be somethin' from away off in the sky like the 57.10
men from the college last year says the meteor stone
was.

Es muss etwas vom Himmel sein, so wie die Männer vom
College letztes Jahr sagten, es sei ein Meteoritenstein.

The way it's made an' the way it works ain't like no 57.11
way o' God's world.

Die Art und Weise, wie er gemacht ist und wie er
funktioniert, gleicht keiner Art von Gottes Welt.

It's some'at from beyond." 57.12

Es ist etwas aus dem Jenseits."

58.1 So the men paused indecisively as the light from the well grew stronger and the hitched horses pawed and whinnied in increasing frenzy.

So hielten die Männer unschlüssig inne, während das Licht des Brunnens immer stärker wurde und die eingespannten Pferde wieherten und wieherten in zunehmender Raserei.

58.2 It was truly an awful moment; with terror in that ancient and accursed house itself, four monstrous sets of fragments -

Es war wahrhaftig ein schrecklicher Moment: der Schrecken in dem alten, verfluchten Haus selbst, vier monströse Scherben -

58.3 two from the house and two from the well -

zwei aus dem Haus und zwei aus dem Brunnen -

58.4 in the woodshed behind,

im Holzschuppen dahinter und der unbekannte,

58.5 and that shaft of unknown and unholy iridescence from the slimy depths in front.

unheilig schimmernde Lichtstrahl aus den schleimigen Tiefen davor.

58.6 Ammi had restrained the driver on impulse, forgetting how uninjured he himself was after the clammy brushing of that coloured vapour in the attic room, but perhaps it is just as well that he acted as he did.

Ammi hatte den Kutscher aus einem Impuls heraus zurückgehalten, weil er vergessen hatte, wie unverletzt er selbst nach dem feuchten Pinselstrich des farbigen Dampfes in der Dachkammer war, aber vielleicht war es auch gut so, dass er so gehandelt hatte.

No one will ever know what was abroad that night;    58.7

Niemand wird je erfahren, was in dieser Nacht im Ausland
geschah;

and though the blasphemy from beyond had not so    58.8
far hurt any human of unweakened mind, there is
no telling what it might not have done at that last
moment, and with its seemingly increased strength
and the special signs of purpose it was soon to display
beneath the half-clouded moonlit sky.

und obwohl die Lästerung aus dem Jenseits bisher keinem
Menschen mit ungeschwächtem Geist geschadet hatte,
kann man nicht sagen, was sie in diesem letzten Augenblick
und mit ihrer scheinbar gesteigerten Kraft und den
besonderen Zeichen der Entschlossenheit, die sie bald
unter dem halbbewölkten Mondhimmel zeigen sollte,
nicht getan haben könnte.

All at once one of the detectives at the window gave a    60.1
short,

Mit einem Mal stieß einer der Detektive am Fenster einen
kurzen,

sharp gasp.    60.2

scharfen Atemzug aus.

The others looked at him,    60.3

Die anderen sahen ihn an und folgten dann schnell seinem
eigenen Blick nach oben zu dem Punkt,

60.4 and then quickly followed his own gaze upward to the point at which its idle straying had been suddenly arrested.

an dem sein müßiges Umherschweifen plötzlich gestoppt worden war.

60.5 There was no need for words.

Es bedurfte keiner Worte.

60.6 What had been disputed in country gossip was disputable no longer, and it is because of the thing which every man of that party agreed in whispering later on, that strange days are never talked about in Arkham.

Was im Klatsch und Tratsch auf dem Lande umstritten gewesen war, war nicht mehr strittig, und wegen der Sache, über die später alle Männer dieser Gruppe flüsternd übereinstimmten, wird in Arkham nie über seltsame Tage gesprochen.

60.7 It is necessary to premise that there was no wind at that hour of the evening.

Man muss vorausschicken, dass es zu dieser Abendstunde keinen Wind gab.

60.8 One did arise not long afterward,

Zwar kam kurz darauf einer auf,

60.9 but there was absolutely none then.

aber es war absolut kein Wind zu spüren.

60.10 Even the dry tips of the lingering hedge-mustard, grey and blighted, and the fringe on the roof of the standing democrat-wagon were unstirred.

Selbst die trockenen Spitzen der verweilenden, grauen und verdorrten Senfhecke und die Fransen auf dem Dach des stehenden Demokratenwagens waren ungerührt.

And yet amid that tense, 60.11

Und doch bewegten sich in dieser angespannten,

godless calm the high bare boughs of all the trees in 60.12
the yard were moving.

gottlosen Stille die hohen kahlen Äste aller Bäume im Hof.

They were twitching morbidly and spasmodically, 60.13
clawing in convulsive and epileptic madness at
the moonlit clouds; scratching impotently in the
noxious air as if jerked by some allied and bodiless
line of linkage with sub-terrene horrors writhing and
struggling below the black roots.

Sie zuckten krankhaft und krampfhaft, krallten sich in
krampfhaftem und epileptischem Wahnsinn an den
mondbeschienenen Wolken fest, kratzten ohnmächtig
in der giftigen Luft, als wären sie durch irgendeine
verbündete und körperlose Verbindungslinie mit den
unterirdischen Schrecken, die sich unter den schwarzen
Wurzeln winden und kämpfen, in Bewegung gesetzt.

Not a man breathed for several seconds. 61.1

Mehrere Sekunden lang atmete kein Mensch.

Then a cloud of darker depth passed over the moon, 61.2

Dann zog eine dunklere Wolke über den Mond,

and the silhouette of clutching branches faded out 61.3
momentarily.

und die Silhouette der sich umklammernden Äste
verblasste für einen Moment.

At this there was a general cry; muffled with awe, but 61.4
husky and almost identical from every throat.

Daraufhin ertönte ein allgemeiner Schrei, gedämpft vor
Ehrfurcht, aber heiser und fast identisch aus jeder Kehle.

61.5 For the terror had not faded with the silhouette, and in a fearsome instant of deeper darkness the watchers saw wriggling at the treetop height a thousand tiny points of faint and unhallowed radiance, tipping each bough like the fire of St. Elmo or the flames that come down on the apostles' heads at Pentecost.

Denn der Schrecken war mit der Silhouette nicht verschwunden, und in einem furchterregenden Augenblick tieferer Dunkelheit sahen die Beobachter in der Höhe der Baumkronen tausend winzige Punkte schwachen und unheiligen Glanzes zappeln, die jeden Zweig umkippten wie das Feuer des Heiligen Elmo oder die Flammen, die zu Pfingsten auf die Häupter der Apostel niedergehen.

61.6 It was a monstrous constellation of unnatural light, like a glutted swarm of corpse-fed fireflies dancing hellish sarabands over an accursed marsh;

Es war eine monströse Konstellation unnatürlichen Lichts, wie ein übersättigter Schwarm leichengesättigter Glühwürmchen, die höllische Sarabanden über einem verfluchten Sumpf tanzten;

61.7 and its colour was that same nameless intrusion which Ammi had come to recognise and dread.

und seine Farbe war dieselbe namenlose Eindringlichkeit, die Ammi kennen und fürchten gelernt hatte.

61.8 All the while the shaft of phosphorescence from the well was getting brighter and brighter, bringing to the minds of the huddled men, a sense of doom and abnormality which far outraced any image their conscious minds could form.

Die ganze Zeit über wurde die Welle der Phosphoreszenz aus dem Brunnen immer heller und erweckte in den Köpfen der zusammengekauerten Männer ein Gefühl von Untergang und Abnormität, das weit über jedes Bild hinausging, das ihr bewusster Verstand bilden konnte.

217

It was no longer shining out; it was pouring out; and   61.9
as the shapeless stream of unplaceable colour left the
well it seemed to flow directly into the sky.

Es leuchtete nicht mehr, es strömte heraus, und als der
formlose Strom von unbestimmter Farbe den Brunnen
verließ, schien er direkt in den Himmel zu fließen.

...and in the fearsome instant of deeper darkness,   63.1
the watchers saw wriggling at that treetop height,
a thousand tiny points of faint and unhallowed
radiance, tipping each bough like the fire of St.
Elmo ...

...und in dem furchterregenden Augenblick tieferer
Dunkelheit sahen die Beobachter in der Höhe der
Baumkronen tausend winzige Punkte schwachen und
unheiligen Glanzes zappeln, die jeden Ast wie das Feuer
von St. Elmo umkippten ...

63.2 and all the while the shaft of phosphorescence from the well was getting brighter and brighter and bringing to the minds of the huddled men, a sense of doom and abnormality ...It was no longer shining out; it was pouring out; and as the shapeless stream of unplaceable colour left the well, it seemed to flow directly into the sky.

und die ganze Zeit über wurde die Welle der Phosphoreszenz aus dem Brunnen immer heller und heller und brachte ein Gefühl von Untergang und Abnormalität in die Gemüter der zusammengekauerten Männer ...Es leuchtete nicht mehr, es strömte heraus, und als der formlose Strom von unbestimmter Farbe den Brunnen verließ, schien er direkt in den Himmel zu fließen.

---

65.1 The veterinary shivered,

Der Tierarzt zitterte und ging zur Haustür,

65.2 and walked to the front door to drop the heavy extra bar across it.

um den schweren zusätzlichen Riegel darüber fallen zu lassen.

65.3 Ammi shook no less,

Ammi zitterte nicht minder und musste in Ermangelung einer kontrollierbaren Stimme zappeln und deuten,

65.4 and had to tug and point for lack of a controllable voice when he wished to draw notice to the growing luminosity of the trees.

wenn er auf die wachsende Helligkeit der Bäume aufmerksam machen wollte.

The neighing and stamping of the horses had become utterly frightful,

65.5

Das Wiehern und Stampfen der Pferde war ganz furchtbar geworden,

but not a soul of that group in the old house would have ventured forth for any earthly reward.

65.6

aber keine Seele der Gruppe in dem alten Haus hätte sich für irgendeinen irdischen Lohn hinausgewagt.

With the moments the shining of the trees increased,

65.7

Mit jedem Augenblick nahm der Glanz der Bäume zu,

while their restless branches seemed to strain more and more toward verticality.

65.8

und ihre unruhigen Äste schienen sich mehr und mehr in die Vertikale zu strecken.

The wood of the well-sweep was shining now,

65.9

Das Holz des Brunnens leuchtete jetzt,

and presently a policeman dumbly pointed to some wooden sheds and beehives near the stone wall on the west.

65.10

und bald deutete ein Polizist stumm auf einige Holzschuppen und Bienenstöcke nahe der Steinmauer im Westen.

They were commencing to shine, too, though the tethered vehicles of the visitors seemed so far unaffected.

65.11

Auch sie begannen zu glänzen, doch die angebundenen Fahrzeuge der Besucher schienen noch nicht betroffen zu sein.

65.12 Then there was a wild commotion and clopping in the road, and as Ammi quenched the lamp for better seeing they realized that the span of frantic grays had broken their sapling and run off with the democrat-wagon.

Dann gab es ein wildes Getümmel und Gepolter auf der Straße, und als Ammi die Lampe löschte, um besser sehen zu können, erkannten sie, dass die Schar wütender Grauer ihren Schössling zerbrochen hatte und mit dem Wagen der Demokraten davongefahren war.

66.1 The shock served to loosen several tongues,

Der Schock lockerte einige Zungen,

66.2 and embarrassed whispers were exchanged.

und es wurde verlegen geflüstert.

66.3 "It spreads on everything organic that's been around here," muttered the medical examiner.

"Es breitet sich auf allem Organischen aus, das hier in der Nähe war", murmelte der Gerichtsmediziner.

66.4 No one replied, but the man who had been in the well gave a hint that his long pole must have stirred up something intangible.

Niemand antwortete, aber der Mann, der im Brunnen gewesen war, deutete an, dass sein langer Stock etwas Ungreifbares aufgewirbelt haben musste.

66.5 "It was awful," he added.

"Es war furchtbar," fügte er hinzu.

66.6 "There was no bottom at all.

"Es gab überhaupt keinen Boden.

Just ooze and bubbles and the feeling of something    66.7
lurking under there."
Nur Schlamm und Blasen und das Gefühl, dass da unten
etwas lauert."

Ammi's horse still pawed and screamed deafeningly    66.8
in the road outside,
Ammis Pferd scharrte und schrie immer noch
ohrenbetäubend auf der Straße draußen und übertönte
fast das schwache Zittern seines Besitzers,

and nearly drowned its owner's faint quaver as he    66.9
mumbled his formless reflections.
der seine formlosen Überlegungen murmelte.

"It come from that stone - it growed down thar -    66.10
"Es kommt von diesem Stein - es wuchs dort unten -

it got everything livin' - it fed itself on 'em,    66.11
es hat alles Lebendige - es ernährt sich von ihnen,

mind and body - Thad an' Merwin, Zenas an' Nabby -    66.12
Geist und Körper - Thad und Merwin, Zenas und Nabby -

Nahum was the last - they all drunk the water -    66.13
Nahum war der letzte - sie alle haben das Wasser
getrunken -

it got strong on 'em - it come from beyond,    66.14
es wurde stark von ihnen - es kommt aus dem Jenseits,

whar things ain't like they be here -    66.15
wo die Dinge nicht so sind wie hier -

now it's goin' home -"    66.16
jetzt geht es nach Hause -"

222

67.1 At this point, as the column of unknown colour flared suddenly stronger and began to weave itself into fantastic suggestions of shape which each spectator later described differently, there came from poor tethered Hero such a sound as no man before or since ever heard from a horse.

In diesem Moment, als die Säule von unbekannter Farbe plötzlich stärker aufflackerte und sich in phantastische Formgebungen zu verflechten begann, die jeder Zuschauer später anders beschrieb, kam von dem armen angebundenen Hero ein Geräusch, wie es noch nie ein Mensch zuvor oder danach von einem Pferd gehört hatte.

67.2 Every person in that low-pitched sitting-room stopped his ears,

Alle Menschen in dem leisen Wohnzimmer hielten sich die Ohren zu,

67.3 and Ammi turned away from the window in horror and nausea.

und Ammi wandte sich mit Schrecken und Übelkeit vom Fenster ab.

67.4 Words could not convey it -

Worte konnten es nicht ausdrücken -

67.5 when Ammi looked out again the hapless beast lay huddled inert on the moonlit ground between the splintered shafts of the buggy.

als Ammi wieder hinaussah, lag das unglückliche Tier träge auf dem mondbeschienenen Boden zwischen den zersplitterten Wellen des Wagens zusammengekauert.

67.6 That was the last of Hero till they buried him next day.

Das war das letzte von Hero, bis sie ihn am nächsten Tag beerdigten.

But the present was no time to mourn, for almost at this instant a detective silently called attention to something terrible in the very room with them.

67.7

Aber jetzt war keine Zeit zum Trauern, denn fast in diesem Augenblick machte ein Detektiv sie leise auf etwas Schreckliches in dem Raum aufmerksam, in dem sie sich befanden.

In the absence of the lamplight it was clear that a faint phosphorescence had begun to pervade the entire apartment.

67.8

In Abwesenheit des Lampenlichts konnte man erkennen, dass die gesamte Wohnung von einer schwachen Phosphoreszenz durchdrungen war.

It glowed on the broad-planked floor where the rag carpet left it bare, and shimmered over the sashes of the small-paned windows.

67.9

Es glühte auf dem breiten Dielenboden, wo der Flickenteppich ihn kahl ließ, und schimmerte über den Fensterflügeln der kleinen Fensterscheiben.

It ran up and down the exposed corner-posts, coruscated about the shelf and mantel, and infected the very doors and furniture.

67.10

Es lief an den freiliegenden Eckpfosten auf und ab, kreiste um das Regal und den Kaminsims und infizierte sogar die Türen und Möbel.

Each minute saw it strengthen, and at last it was very plain that healthy living things must leave that house.

67.11

Mit jeder Minute wurde es stärker, und schließlich war es ganz klar, dass gesundes Leben dieses Haus verlassen musste.

68.1 **Ammi showed them the back door and the path up through the fields to the ten-acre pasture.**

Ammi zeigte ihnen die Hintertür und den Weg durch die Felder hinauf zur zehn Hektar großen Weide.

68.2 **They walked and stumbled as in a dream,**

Sie gingen und stolperten wie im Traum und wagten nicht zurückzublicken,

68.3 **and did not dare look back till they were far away on the high ground.**

bis sie weit weg auf der Anhöhe waren.

68.4 **They were glad of the path, for they could not have gone the front way, by that well.**

Sie waren froh über den Weg, denn sie hätten nicht den vorderen Weg nehmen können, der durch den Brunnen führte.

68.5 **It was bad enough passing the glowing barn and sheds, and those shining orchard trees with their gnarled, fiendish contours; but thank Heaven the branches did their worst twisting high up.**

Es war schon schlimm genug, an der leuchtenden Scheune und den Schuppen und den leuchtenden Obstbäumen mit ihren knorrigen, teuflischen Umrissen vorbeizugehen, aber Gott sei Dank verdrehten sich die Äste hoch oben am schlimmsten.

68.6 **The moon went under some very black clouds as they crossed the rustic bridge over Chapman's Brook, and it was blind groping from there to the open meadows.**

Der Mond verschwand unter einigen schwarzen Wolken, als sie die rustikale Brücke über den Chapman's Brook überquerten, und von dort aus war es ein blindes Tappen zu den offenen Wiesen.

When they looked back toward the valley and the distant Gardner place at the bottom they saw a fearsome sight.

70.1

Als sie zum Tal und dem fernen Ort Gardner zurückblickten, bot sich ihnen ein furchterregender Anblick.

All the farm was shining with the hideous unknown blend of colour;

70.2

Die ganze Farm leuchtete in der grässlichen, unbekannten Farbmischung;

trees, buildings, and even such grass and herbage as had not been wholly changed to lethal grey brittleness.

70.3

Bäume, Gebäude und sogar das Gras und die Kräuter, die noch nicht vollständig in tödliche graue Sprödigkeit verwandelt worden waren.

The boughs were all straining skyward, tipped with tongues of foul flame, and lambent tricklings of the same monstrous fire were creeping about the ridgepoles of the house, barn and sheds.

70.4

Die Äste reckten sich himmelwärts, gespickt mit Zungen fauliger Flammen, und züngelnde Rinnsale desselben monströsen Feuers krochen um die Firststangen von Haus, Scheune und Schuppen.

70.5 It was a scene from a vision of Fuseli, and over all the rest reigned that riot of luminous amorphousness, that alien and undimensioned rainbow of cryptic poison from the well — seething, feeling, lapping, reaching, scintillating, straining, and malignly bubbling in its cosmic and unrecognizable chromaticism.

Es war eine Szene wie aus einer Vision von Füssli, und über allem anderen herrschte jener Aufruhr von leuchtender Amorphie, jener fremde und undimensionierte Regenbogen von kryptischem Gift aus dem Brunnen, der in seiner kosmischen und unerkennbaren Farbigkeit etwas fühlte, plätscherte, griff, funkelte, zerrte und bösartig brodelte.

71.1 Then without warning the hideous thing shot vertically up toward the sky like a rocket or meteor, leaving behind no trail and disappearing through a round and curiously regular hole in the clouds before any man could gasp or cry out.

Dann schoss das scheußliche Ding ohne Vorwarnung senkrecht in den Himmel wie eine Rakete oder ein Meteor, hinterließ keine Spur und verschwand durch ein rundes und seltsam regelmäßiges Loch in den Wolken, bevor irgendjemand keuchen oder schreien konnte.

71.2 No watcher can ever forget that sight, and Ammi stared blankly at the stars of Cygnus, Deneb twinkling above the others, where the unknown colour had melted into the Milky Way.

Kein Beobachter kann diesen Anblick je vergessen, und Ammi starrte mit leerem Blick auf die Sterne von Cygnus, wobei Deneb über den anderen funkelte, wo die unbekannte Farbe mit der Milchstraße verschmolzen war.

But his gaze was the next moment called swiftly to earth by the crackling in the valley.
71.3

Doch im nächsten Moment wurde sein Blick durch das Knistern im Tal schnell zur Erde zurückgerufen.

It was just that.
71.4

Es war genau das.

Only a wooden ripping and crackling, and not an explosion, as so many others of the party vowed.
71.5

Nur ein hölzernes Reißen und Knistern und keine Explosion, wie so viele andere der Gruppe schworen.

Yet the outcome was the same, for in one feverish kaleidoscopic instant there burst up from that doomed and accursed farm a gleamingly eruptive cataclysm of unnatural sparks and substance; blurring the glance of the few who saw it, and sending forth to the zenith a bombarding cloudburst of such coloured and fantastic fragments as our universe must needs disown.
71.6

Doch das Ergebnis war dasselbe, denn in einem fiebrigen, kaleidoskopischen Augenblick brach aus dem verdammten und verfluchten Hof ein schimmernder, eruptiver Kataklysmus aus unnatürlichen Funken und Substanzen hervor, der den Blick der wenigen, die ihn sahen, trübte und einen bombardierenden Wolkenbruch aus so bunten und phantastischen Fragmenten in den Zenit schickte, wie ihn unser Universum wohl nicht kennt.

Through quickly re-closing vapours they followed the great morbidity that had vanished, and in another second they had vanished too.
71.7

Durch die sich schnell wieder schließenden Dämpfe folgten sie der großen Morbidität, die verschwunden war, und in einer weiteren Sekunde waren auch sie verschwunden.

71.8 Behind and below was only a darkness to which the men dared not return, and all about was a mounting wind which seemed to sweep down in black, frore gusts from interstellar space.

Dahinter und darunter war nur noch eine Dunkelheit, in die die Männer nicht zurückzukehren wagten, und ringsherum tobte ein aufkommender Wind, der in schwarzen, rasenden Böen aus dem interstellaren Raum herabzufegen schien.

71.9 It shrieked and howled, and lashed the fields and distorted woods in a mad cosmic frenzy, till soon the trembling party realized it would be no use waiting for the moon to show what was left down there at Nahum's.

Er kreischte und heulte und peitschte die Felder und verzerrten Wälder in einer wahnsinnigen kosmischen Raserei, bis die zitternde Gruppe bald erkannte, dass es sinnlos war, auf den Mond zu warten, um zu zeigen, was dort unten bei Nahum noch übrig war.

72.1 Too awed even to hint theories, the seven shaking men trudged back toward Arkham by the north road.

Die sieben zitternden Männer waren zu erschrocken, um Theorien aufzustellen, und stapften über die Nordstraße zurück nach Arkham.

72.2 Ammi was worse than his fellows, and begged them to see him inside his own kitchen, instead of keeping straight on to town.

Ammi ging es noch schlechter als seinen Kameraden, und er flehte sie an, ihn in seiner eigenen Küche aufzusuchen, anstatt direkt in die Stadt zu gehen.

72.3 He did not wish to cross the blighted,

Er wollte nicht allein durch den verdorbenen,

wind-whipped woods alone to his home on the main road.                    72.4

windgepeitschten Wald zu seinem Haus an der Hauptstraße gehen.

For he had had an added shock that the others were spared, and was crushed for ever with a brooding fear he dared not even mention for many years to come.                    72.5

Denn er hatte einen zusätzlichen Schock erlitten, dass die anderen verschont geblieben waren, und wurde für immer von einer grüblerischen Angst erdrückt, die er noch viele Jahre lang nicht einmal zu erwähnen wagte.

As the rest of the watchers on that tempestuous hill had stolidly set their faces toward the road, Ammi had looked back an instant at the shadowed valley of desolation so lately sheltering his ill-starred friend.                    72.6

Als die übrigen Wächter auf dem stürmischen Hügel ihre Gesichter stur zur Straße gerichtet hatten, hatte Ammi einen Augenblick lang in das schattige Tal der Verwüstung zurückgeblickt, das soeben noch seinen vom Unglück verfolgten Freund beherbergt hatte.

And from that stricken, far-away spot he had seen something feebly rise, only to sink down again upon the place from which the great shapeless horror had shot into the sky.                    72.7

Und von diesem weit entfernten Fleck aus hatte er gesehen, wie sich etwas schwach erhob, um dann wieder auf die Stelle zu sinken, von der aus das große, formlose Grauen in den Himmel geschossen war.

It was just a colour -                    72.8

Es war nur eine Farbe -

but not any colour of our earth or heavens.                    72.9

aber keine Farbe unserer Erde oder des Himmels.

72.10 And because Ammi recognized that colour, and knew that this last faint remnant must still lurk down there in the well, he has never been quite right since.

Und weil Ammi diese Farbe erkannte und wusste, dass dieser letzte schwache Rest immer noch dort unten im Brunnen lauern musste, hat er sich seitdem nie wieder richtig erholt.

73.1 Ammi would never go near the place again.

Ammi würde nie wieder in die Nähe dieses Ortes gehen.

73.2 It is forty-four years now since the horror happened, but he has never been there, and will be glad when the new reservoir blots it out.

Es ist jetzt vierundvierzig Jahre her, dass das Grauen geschah, aber er war noch nie dort und wird froh sein, wenn der neue Stausee es auslöscht.

73.3 I shall be glad, too, for I do not like the way the sunlight changed colour around the mouth of that abandoned well I passed.

Ich werde auch froh sein, denn es gefällt mir nicht, wie sich das Sonnenlicht an der Mündung des verlassenen Brunnens, an dem ich vorbeikam, verfärbt hat.

73.4 I hope the water will always be very deep — but even so, I shall never drink it.

Ich hoffe, das Wasser wird immer sehr tief sein, aber selbst dann werde ich es nicht trinken.

73.5 I do not think I shall visit the Arkham country hereafter.

Ich glaube nicht, dass ich das Land Arkham noch einmal besuchen werde.

Three of the men who had been with Ammi returned    73.6
the next morning to see the ruins by daylight, but
there were not any real ruins.

Drei der Männer, die mit Ammi unterwegs waren, kehrten
am nächsten Morgen zurück, um die Ruinen bei Tageslicht
zu besichtigen, aber es gab keine wirklichen Ruinen.

Only the bricks of the chimney, the stones of the    73.7
cellar, some mineral and metallic litter here and
there, and the rim of that nefandous well.

Nur die Ziegel des Schornsteins, die Steine des Kellers, hier
und da ein paar mineralische und metallische Abfälle und
der Rand des verhängnisvollen Brunnens.

Save for Ammi's dead horse, which they towed    73.8
away and buried, and the buggy which they shortly
returned to him, everything that had ever been living
had gone.

Bis auf Ammis totes Pferd, das sie abschleppten und
vergruben, und den Buggy, den sie ihm kurz darauf
zurückbrachten, war alles, was jemals gelebt hatte,
verschwunden.

Five eldritch acres of dusty grey desert remained,    73.9

Zurück blieben fünf unheimliche Hektar staubgrauer
Wüste,

nor has anything ever grown there since.    73.10

auf denen seither nichts mehr gewachsen ist.

73.11 To this day it sprawls open to the sky like a great spot eaten by acid in the woods and fields, and the few who have ever dared glimpse it in spite of the rural tales have named it

Bis heute erstreckt sie sich wie ein großer, von Säure zerfressener Fleck in den Wäldern und Feldern zum Himmel, und die wenigen, die trotz der ländlichen Erzählungen jemals einen Blick darauf gewagt haben, nennen sie

73.12 "the blasted heath."

"die verfluchte Heide."

---

75.1 The rural tales are queer.

Die ländlichen Geschichten sind seltsam.

75.2 They might be even queerer if city men and college chemists could be interested enough to analyze the water from that disused well, or the grey dust that no wind seems ever to disperse.

Sie wären noch merkwürdiger, wenn Stadtmenschen und Hochschulchemiker sich dafür interessieren würden, das Wasser aus dem stillgelegten Brunnen oder den grauen Staub, den kein Wind zu zerstreuen scheint, zu analysieren.

Botanists, too, ought to study the stunted flora on the 75.3
borders of that spot, for they might shed light on the
country notion that the blight is spreading — little by
little, perhaps an inch a year.

Auch Botaniker sollten die verkümmerte Flora an den
Rändern dieses Ortes untersuchen, denn sie könnten Licht
in die Vorstellung des Landes bringen, dass sich die Kraut
- und Knollenfäule ausbreitet - Stück für Stück, vielleicht
einen Zentimeter pro Jahr.

People say the colour of the neighboring herbage is 75.4
not quite right in the spring,

Die Leute sagen,

and that wild things leave queer prints in the light 75.5
winter snow.

dass die Farbe des benachbarten Grases im Frühling nicht
ganz richtig ist und dass wilde Dinge seltsame Abdrücke im
leichten Winterschnee hinterlassen.

Snow never seems quite so heavy on the blasted 75.6
heath as it is elsewhere.

Der Schnee scheint auf der verwehten Heide nie ganz so
schwer zu sein wie anderswo.

Horses - 75.7

Pferde -

the few that are left in this motor age - 75.8

die wenigen, die in diesem motorisierten Zeitalter noch
übrig sind -

grow skittish in the silent valley; and hunters cannot 75.9
depend on their dogs too near the splotch of greyish
dust.

werden in dem stillen Tal scheu, und Jäger können sich
nicht auf ihre Hunde verlassen, wenn sie zu nahe an den
grauen Staubflecken sind.

76.1 They say the mental influences are very bad, too;

Man sagt, dass auch die geistigen Einflüsse sehr schlecht
sind;

76.2 numbers went queer in the years after Nahum's
taking, and always they lacked the power to get away.

in den Jahren nach der Einnahme von Nahum wurden die
Menschen seltsam, und es fehlte ihnen immer die Kraft,
sich zu befreien.

76.3 Then the stronger-minded folk all left the region, and
only the foreigners tried to live in the crumbling old
homesteads.

Dann verließen die geistig Stärkeren die Gegend, und nur
die Fremden versuchten, in den verfallenen alten Gehöften
zu leben.

76.4 They could not stay, though; and one sometimes
wonders what insight beyond ours their wild, weird
stories of whispered magic have given them.

Sie konnten jedoch nicht bleiben, und manchmal fragt
man sich, welche Erkenntnisse sie durch ihre wilden,
seltsamen Geschichten über geflüsterte Magie gewonnen
haben, die über unsere hinausgehen.

76.5 Their dreams at night, they protest, are very horrible
in that grotesque country;

Ihre nächtlichen Träume, so beteuern sie, sind in diesem
grotesken Land sehr schrecklich;

76.6 and surely the very look of the dark realm is enough
to stir a morbid fancy.

und sicherlich reicht allein der Anblick des dunklen
Reiches aus, um eine morbide Fantasie zu wecken.

No traveler has ever escaped a sense of strangeness    76.7
in those deep ravines, and artists shiver as they paint
thick woods whose mystery is as much of the spirits
as of the eye.

Kein Reisender ist je dem Gefühl der Fremdheit in diesen
tiefen Schluchten entgangen, und die Künstler erschauern,
wenn sie dichte Wälder malen, deren Mysterium sowohl
den Geistern als auch dem Auge gilt.

I myself am curious about the sensation I derived    76.8
from my one lone walk before Ammi told me his tale.

Ich selbst bin neugierig auf das Gefühl, das ich bei meinem
einsamen Spaziergang hatte, bevor Ammi mir seine
Geschichte erzählte.

When twilight came I had vaguely wished some    76.9
clouds would gather, for odd timidity about the deep
skyey voids above had crept into my soul.

Als die Dämmerung einsetzte, hatte ich mir vage
gewünscht, dass ein paar Wolken aufziehen würden, denn
eine seltsame Scheu vor den tiefen himmlischen Leeren
über mir hatte sich in meine Seele geschlichen.

Do not ask me for my opinion. I do not know -    77.1

Fragen Sie mich nicht nach meiner Meinung. Ich weiß es
nicht -

that is all.    77.2

das ist alles.

There was no one but Ammi to question;    77.3

Außer Ammi gab es niemanden, den man befragen konnte;

236

77.4 for Arkham people will not talk about the strange days, and all three professors who saw the aerolite and its coloured globule are dead.

denn die Leute in Arkham reden nicht über die seltsamen Tage, und alle drei Professoren, die das Aerolith und seine farbige Kugel gesehen haben, sind tot.

77.5 There were other globules - depend upon that.

Es gab noch andere Kügelchen - darauf kann man sich verlassen.

77.6 One must have fed itself and escaped, and probably there was another which was too late.

Eine muss sich selbst ernährt haben und entkommen sein, und wahrscheinlich gab es noch eine weitere, die zu spät kam.

77.7 No doubt it is still down the well -

Zweifellos ist es noch im Brunnen -

77.8 I know there was something wrong with the sunlight I saw above that miasmal brink.

ich weiß, dass mit dem Sonnenlicht, das ich über dem miasmatischen Rand sah, etwas nicht stimmte.

77.9 The rustics say the blight creeps an inch a year, so perhaps there is a kind of growth or nourishment even now.

Die Bauern sagen, dass der Brand jedes Jahr einen Zentimeter wächst, also gibt es vielleicht sogar jetzt eine Art Wachstum oder Nahrung.

77.10 But whatever demon hatchling is there, it must be tethered to something or else it would quickly spread.

Aber was auch immer für ein Dämon dort schlüpft, er muss an etwas gebunden sein, sonst würde er sich schnell ausbreiten.

Is it fastened to the roots of those trees that claw the air? 77.11

Ist es an den Wurzeln der Bäume befestigt, die sich in die Luft krallen?

One of the current Arkham tales is about fat oaks that shine and move as they ought not to do at night. 77.12

In einer der aktuellen Arkham-Geschichten geht es um fette Eichen, die leuchten und sich bewegen, wie sie es nachts nicht tun sollten.

What it is, only God knows. 78.1

Was es ist, weiß nur Gott.

In terms of matter I suppose the thing Ammi described would be called a gas, but this gas obeyed laws that are not of our cosmos. 78.2

In Bezug auf die Materie würde das, was Ammi beschrieb, wohl als Gas bezeichnet werden, aber dieses Gas gehorchte Gesetzen, die nicht zu unserem Kosmos gehören.

This was no fruit of such worlds and suns as shine on the telescopes and photographic plates of our observatories. 78.3

Es war keine Frucht solcher Welten und Sonnen, wie sie in den Teleskopen und auf den fotografischen Platten unserer Observatorien scheinen.

This was no breath from the skies whose motions and dimensions our astronomers measure or deem too vast to measure. 78.4

Es war kein Hauch des Himmels, dessen Bewegungen und Dimensionen unsere Astronomen messen oder für zu groß halten, um sie zu messen.

It was just a colour out of space - 78.5

Es war nur eine Farbe aus dem Weltraum -

78.6 a frightful messenger from unformed realms of infinity beyond all Nature as we know it;

ein furchterregender Bote aus ungeformten Bereichen der Unendlichkeit jenseits aller Natur, wie wir sie kennen;

78.7 from realms whose mere existence stuns the brain and numbs us with the black extra-cosmic gulfs it throws open before our frenzied eyes.

aus Bereichen, deren bloße Existenz das Gehirn betäubt und uns mit den schwarzen außerkosmischen Abgründen, die sie vor unseren rasenden Augen aufreißt, betäubt.

79.1 I doubt very much if Ammi consciously lied to me, and I do not think his tale was all a freak of madness as the townsfolk had forewarned.

Ich bezweifle sehr, daß Ammi mich bewußt angelogen hat, und ich glaube nicht, daß seine Geschichte nur eine Laune des Wahnsinns war, wie die Leute aus der Stadt es vorausgesagt hatten.

79.2 Something terrible came to the hills and valleys on that meteor,

Mit dem Meteoriten kam etwas Schreckliches über die Hügel und Täler,

79.3 and something terrible - though I know not in what proportion -

und etwas Schreckliches - ich weiß nicht, in welchem Ausmaß -

79.4 still remains. I shall be glad to see the water come.

ist immer noch da. Ich werde froh sein, wenn das Wasser kommt.

79.5 Meanwhile I hope nothing will happen to Ammi.

In der Zwischenzeit hoffe ich, dass Ammi nichts passieren wird.

He saw so much of the thing — and its influence was     79.6
so insidious.

Er hat so viel von diesem Ding gesehen, und sein Einfluss
war so heimtückisch.

Why has he never been able to move away?     79.7

Warum hat er es nie geschafft, sich zu entfernen?

How clearly he recalled those dying words of     79.8
Nahum's — "can't git away — draws ye — ye know
summ'at's comin', but 'tain't no use — " Ammi is
such a good old man — when the reservoir gang gets
to work I must write the chief engineer to keep a
sharp watch on him.

Wie deutlich er sich an die sterbenden Worte Nahums
erinnerte-"kann nicht weggehen-zieht euch-ihr wisst, dass
der Gipfel kommt, aber es nützt nichts - " Ammi ist so ein
guter alter Mann - wenn die Stauseegruppe ihre Arbeit
aufnimmt, muss ich dem Chefingenieur schreiben, dass er
ihn im Auge behalten soll.

I would hate to think of him as the grey, twisted,     79.9
brittle monstrosity which persists more and more in
troubling my sleep.

Ich möchte ihn nicht als das graue, verdrehte, brüchige
Ungetüm sehen, das mich immer wieder aus dem Schlaf
reißt.

THE END     80.1

DAS ENDE

# Möwenstein Books

www.mowenstein.com

## Renowned Authors

H. G. Wells  ·  Ernest Hemingway
H. P. Lovecraft  ·  Lewis Carroll
Franz Kafka  ·  Friedrich Nietzsche
Albert Einstein  ·  Oscar Wilde
Hans Christian Andersen

## Notable Works

*Frankenstein*  ·  *Alice in Wonderland*
*Heart of Darkness*  ·  *The Great Gatsby*
*Siddhartha*  ·  *The Metamorphosis*
*Thus Spoke Zarathustra*

## Translation Services

We offer translation services in various languages, including German, Spanish, Chinese, Korean, Arabic, and more. For custom translations or revisions, please contact us at:

**Email:** translation@mowenstein.com

# Our Collections

## Franz Kafka Collection

- The Metamorphosis / Die Verwandlung
- The Trial / Der Prozess
- The Castle / Das Schloss
- and many more...

## Pakt mit dem Teufel

- Faust Parts I & II by Johann Wolfgang von Goethe
- Doctor Faustus by Christopher Marlowe

## Portraits of Irishmen

- The Picture of Dorian Gray by Oscar Wilde
- A Portrait of the Artist as a Young Man by James Joyce

## Children's Classics

- Winnie-the-Pooh / Pu der Bär
- Brothers Grimm Fairy Tales
- Fairy Tales Told for Children
    - Author: Hans Christian Andersen

## Visit Us

At Möwenstein Books, we are committed to providing high-quality bilingual editions of classic works. Explore our collections and discover more titles across various genres and languages.

**Website:** www.mowenstein.com